Adele Faber / Elaine Mazlish

Wie Sie Kinder fürs Lernen begeistern

Adele Faber und Elaine Mazlish

Was alle Eltern und Lehrer wissen müssen

Wie Sie Kinder fürs Lernen begeistern

Mit Lisa Nyberg und Rosalyn Anstine Templeton
Illustriert von Kimberly Ann Coe

OBERSTEBRINK

Originaltitel: How To Talk So Kids Can Learn

Published by arrangement with the original publisher, Scribner, a division of Simon & Schuster, Inc.

1. Auflage d. deutschen Ausgabe, © 2018, Oberstebrink
by Körner Medien UG, München

Übersetzt aus dem Englischen von Tobias Schudok.

Titelfoto: Ana Blazic Pavlovic/fotolia.com

Fotos: S. 16 Picture-Factory/fotolia.com, S. 54 contrastwerkstatt/fotolia.com, S. 92 drubig-photo/fotolia.com, S. 99 contrastwerkstatt/fotolia.com, S. 124 Christian Schwier/fotolia.com, S. 138 justyle/fotolia.com, S. 162 pololia/fotolia.com, S. 185 Christian Schwier/fotolia.com, S. 194 JenkoAtaman/fotolia.com, S. 230 djile/fotolia.com, S. 236 Kzenon/fotolia.com, S. 256 Kzenon/fotolia.com, S. 266 dashtik/fotolia.com

Satz und Layout: ism Satz- und Reprostudio GmbH, München

Druck: Sagalara, Lodz, Polen

Verlag: Oberstebrink
c/o Körner Medien UG
Herzog-Heinrich-Str. 5
80336 München
Tel.: 089/33095656, Fax: 089/33095473
info@koerner-medien.de
www.oberstebrink.de

ISBN: 978-3-96304-000-9

Wie Eltern und Lehrer mit dem Kind sprechen, zeigt ihm, was sie von ihm halten. Ihre Aussagen beeinflussen sein Selbstbewusstsein und seinen Selbstwert. Ihre Sprache bestimmt in hohem Maße sein Schicksal.

Haim Ginott

Inhalt

Danksagung

Viele Menschen haben durch ihren Glauben an dieses Buch von Anfang an bei seiner Verwirklichung geholfen. Unsere Familien und Freunde haben fortwährend Ideen und Ermutigungen beigetragen. Eltern, Lehrer und Psychologen aus den ganzen USA und Kanada reichten mündliche und schriftliche Berichte darüber ein, wie sie Gesprächsfertigkeiten zu Hause und bei der Arbeit eingesetzt haben. Johanna Faber gab uns viele bewegende Beispiele aus ihrer zehnjährigen Erfahrung als Lehrerin an einer innerstädtischen Schule. Die Bradly University und die Brattain Elementary School stellten uns ihre Einrichtungen zur Verfügung und unterstützten uns. Kimberly Ann Coe, unsere Illustratorin, hat erneut gezaubert und unseren steifen Strichmännchen Leben und Wärme eingehaucht.

Schließlich wollen wir Dr. Thomas Gordon würdigen für seine Arbeit im Bereich der Eltern-Kind-Beziehung und natürlich unseren Mentor, den seligen Dr. Haim Ginott.

Er war es, der uns half, zu verstehen, wieso „jeder Lehrer zuerst ein Lehrer der Menschlichkeit sein sollte und erst dann ein Lehrer seines Fachs“.

Wie dieses Buch entstanden ist

Die Saat für dieses Buch wurde ausgebracht, als wir junge Mütter waren, die eine Elterngruppe besuchten, die der Kinderpsychologe Dr. Haim Ginott leitete. Nach jeder Sitzung fuhren wir gemeinsam nach Hause und rätselten über die Kraft der neuen Gesprächsfertigkeiten, die wir erlernten, und beklagten den Umstand, dass wir sie nicht schon vor Jahren gekannt hatten, als wir beruflich mit Kindern gearbeitet hatten – eine von uns in den High Schools New Yorks, die andere in der Nachbarschaft von Manhattan.

Wir konnten damals nicht voraussehen, was aus dieser frühen Erfahrung erwachsen würde. Zwei Dekaden später hatten unsere Bücher für Eltern die Zwei-Millionen-Marke überschritten und waren in mehr als ein Dutzend Sprachen übersetzt worden: Die Kurse, die wir in fast jedem Staat der USA und fast jeder Provinz Kanadas geleitet hatten, zogen ein großes, begeistertes Publikum an. Mehr als 50000 Gruppen hatten unsere Audio- und Video-Gruppen-Workshops genutzt, an so weit verstreuten Orten wie Nicaragua, Kenia, Malaysia und Neuseeland. Und während dieses ganzen Zeitraums von 20 Jahren hörten wir immer wieder von Lehrern, welche Veränderungen sie in ihren Klassen vorgenommen hatten, nachdem sie entweder unsere Vorträge gehört oder unsere Kurse besucht oder eines unserer Bücher gelesen hatten. Sie drängten uns, für sie ein ähnliches Buch zu schreiben. Es war unausweichlich, diesem Wunsch nachzukommen.

Ein Lehrer aus Troy in Michigan schrieb:

Nach mehr als 20 Jahren Erfahrung in der Arbeit mit störenden, gefährdeten Schülern war ich kurz gesagt erstaunt von der Anzahl an Strategien, die ich aus den Büchern gelernt habe, die Sie für Eltern geschrieben haben ... Derzeit erstellt der Schulbezirk, in dem ich als Beratungslehrer arbeite, einen neuen schulweiten Verhaltensplan. Ich glaube fest daran, dass Ihr Buch als Grundstein dieses neuen Plans dienen sollte. Haben Sie erwogen, ein Buch speziell für Lehrer zu schreiben?

Ein Sozialarbeiter von einer Schule in Florissant in Missouri schrieb:

Kürzlich hielt ich einen Workshop mit dem Material ab, das auf ihrem Buch „So sag ich's meinem Kind" basiert. Unter den Eltern war auch eine Lehrerin, die ihre neuen Fertigkeiten im Klassenraum einsetzte und feststellte, dass sich das Problemverhalten merklich verringerte. Dies kam der Direktorin zu Ohren, die sich Sorgen wegen der steigenden Zahl von Nachsitzstunden und Schulverweisen machte. Sie war so beeindruckt von den Veränderungen in dieser einen Klasse, dass sie mich darum bat, einen Workshop für das gesamte Kollegium abzuhalten.

Die Resultate waren bemerkenswert. Der „Wunsch" nach Nachsitzstunden ging zurück, die Zahl der Schulverweise brach ein, die Abwesenheiten fielen steil ab, und das Selbstbewusstsein schien überall in der Schule zu wachsen.

Ein Vertrauenslehrer aus New York City schrieb:

Ich bin sehr besorgt über die steigende Zahl von Kindern, die Messer mit in die Schule bringen. Ich kann mir nicht helfen, aber mehr Sicherheitspersonal und Metalldetektoren scheinen mir nicht die richtige Antwort darauf zu sein. Aber bessere Kommunikation könnte es sein. Wenn Lehrer die Fertigkeiten kennen würden, über die Sie schreiben, wären sie vielleicht besser ausgestattet, um diesen jähzornigen Kindern zu helfen, mit ihrer Wut auf gewaltfreie Weise umzugehen. Wie wäre es mit einem Buch für Lehrer, Direktoren, Laienlehrer, Tutoren, den Schulbusfahrer, die Sekretärinnen etc. etc. etc.?

Wir dachten über diese Vorschläge ernsthaft nach, kamen aber schließlich darin überein, dass wir die Verantwortung, die es mit sich brächte, ein Buch für Lehrer zu schreiben, nicht übernehmen konnten. Schließlich lagen wir nun nicht mehr selbst in den Schützengräben.

Dann kam der schicksalhafte Anruf von Rosalyn Templeton und Lisa Nyberg. Lisa unterrichtete die dritte und vierte Klasse an der Brattain Elementary School in Springfield in Oregon. Rosalyn unterrichtete zukünftige Lehrer an der Bradley University in Peoria in Illinois. Beide berichteten uns, wie unzufrieden sie damit waren, wie viel Zwang und Strafen an den Schulen angewandt wurden, um die Schüler dazu zu bringen, sich anständig zu verhalten. Und sie erzählten, dass sie nun bereits seit langer Zeit nach Material suchten, das Lehrern alternative Methoden anbot, um Schülern dabei zu helfen, Selbstständigkeit und Selbstdisziplin zu erlernen. Als sie auf „So sag ich's meinem Kind" stießen, hatten sie das Gefühl, dass es genau das war, wonach sie gesucht hatten, und sie baten uns um unsere Erlaubnis, eine Adaption für Lehrer zu schreiben.

Als wir uns weiter unterhielten, wurde klar, dass ihre Erfahrungen sehr umfangreich waren. Beide Frauen hatten in städtischen, vorstädtischen und ländlichen Schulen in unterschiedlichen Teilen des Landes unterrichtet. Beide hatten einen Doktortitel in Pädagogik. Und beide waren als Kursleiterinnen bei Lehrerkonferenzen gefragt. Plötzlich erschien das Projekt, das anzupacken wir so lange gezögert hatten, realisierbar. Wenn wir, ergänzend zu unseren eigenen Erfahrungen im Klassenzimmer und zu all dem Material von Lehrern, das wir während der letzten 20 Jahre gesammelt hatten, auch auf die gegenwärtigen und vergangenen Erfahrungen dieser beiden Pädagoginnen bauen konnten, dann gab es nichts, was uns zurückhalten konnte.

In diesem Sommer flogen Rosalyn und Lisa herüber, um sich mit uns zu treffen. Wir fühlten uns alle von Anfang an wohl miteinander. Nachdem wir uns Gedanken darüber gemacht hatten, welche Form dieses neue Buch annehmen könnte, entschieden wir, eine Geschichte aus der Perspektive einer jungen Lehrerin zu erzählen, die versucht, bessere Möglichkeiten zu finden, zu ihren Schülern durchzudringen. Ihre Erfahrung würde eine Mischung all unserer eigenen Erfahrungen sein. Die Erzählung würde durch Elemente bereichert werden, die sich in unserer früheren Arbeit fanden – Comics, Erinnerungsseiten, Fragen und Antworten und illustrierende Geschichten.

Aber je länger wir sprachen, um so klarer wurde uns, dass wir, wenn wir ein vollständiges Bild davon zeigen wollten, was es bedeutete, ein Kind zu erziehen, über das Klassenzimmer hinausblicken und den ersten dauerhaften Lehrern im Leben eines Kindes eben soviel Aufmerksamkeit schenken müssten – *den Eltern. Alles, was sich zwischen 8 Uhr Morgens und 15 Uhr am Nachmittag in der Schule abspielt, wird stark davon beeinflusst, was zuvor und danach vor sich geht.* Egal, wie gut es die Eltern und Lehrer meinen, wenn sie nicht beide die Mittel haben, ihre guten Absichten zu verwirklichen, wird das Kind der Verlierer sein.

Eltern und Lehrer müssen ihre Kräfte vereinigen und Arbeitsgemeinschaften bilden. Beide müssen den Unterschied zwischen den Worten kennen, die entmutigen, und denen, die Mut machen, zwischen den Worten, die Konflikte auslösen, und denen, die zur Zusammenarbeit einladen, zwischen den Worten, die es einem Kind unmöglich machen, zu denken oder sich zu konzentrieren, und den Worten, die dem natürlichen Wunsch zu lernen mit der nötigen Freiheit entgegenkommen.

Dann kam uns in den Sinn, dass wir eine weitere Verantwortung gegenüber der heutigen Kindergeneration hatten. Niemals zuvor waren so viele junge Menschen so vielen Bildern alltäglicher Gewalt ausgesetzt.

Nie zuvor waren sie Zeugen so vieler anschaulicher Beispiele dafür, wie Probleme mit Schlägen, Kugeln oder Bomben gelöst wurden. Nie zuvor war es so dringend notwendig unsere Kinder mit einem Rollenmodell dafür zu versorgen, wie Differenzen mit ehrlicher und respektvoller Kommunikation gelöst werden können. Das ist der beste Schutz, den wir ihnen gegen ihre eigenen gewalttätigen Impulse geben können. Wenn die unvermeidbaren Momente von Frustration und Wut auftreten, können sie, statt nach einer Waffe zu greifen, nach den Worten greifen, die sie von den wichtigen Menschen in ihrem Leben gehört haben.

Mit dieser Überzeugung startete das Projekt. Drei Jahre und viele Entwürfe später, als wir endlich das fertige Manuskript in Händen hielten, empfanden wir alle ein tiefes Gefühl von Befriedigung.

Wir hatten eine Sammlung klarer Richtlinien für „Wie Sie Kinder fürs Lernen begeistern" zusammengestellt. Wir hatten konkrete Beispiele für die Haltung und Sprache gegeben, die das Herzstück des Lernprozesses darstellen. Wir hatten gezeigt, wie man eine emotionale Umgebung schaffen kann, die den Kindern die Sicherheit gibt, sich dem Neuen und Unvertrauten zu öffnen. Wir hatten vorgeführt, wie Kinder dazu gebracht werden können, Verantwortung zu übernehmen und Selbstdisziplin zu üben. Wir hatten eine Vielzahl von Methoden mit unseren Lesern geteilt, die Kinder dazu ermutigen, an sich selbst und an das zu glauben, was sie erreichen können.

Es ist unsere aufrichtige Hoffnung, dass die Ideen in diesem Buch Ihnen helfen werden, die jungen Menschen in Ihrem Leben zu inspirieren und zu befähigen.

Wer ist „Ich"?

Als wir uns daran machten, dieses Buch zu schreiben, beschlossen wir, eine Figur zu erschaffen, Lisa Langer*, die für uns alle sprechen würde. Sie würde die junge Lehrerin sein, die wir einst waren, und ihre Schwierigkeiten dabei, eine hilfreiche Beziehung zu ihren Schülern aufzubauen, würden unsere eigenen widerspiegeln. Sie würde unser „Ich" sein.

*Anmerkung der Redaktion

Da die Regeln und Tipps in diesem Buch internationalen Charakter haben und sich die vorliegende Ausgabe an ein deutschsprachiges Publikum richtet, haben wir uns entschieden, Begriffe, die sich auf das amerikanische Schulsystem beziehen, durch entsprechende Begriffe des deutschen Systems zu ersetzen. Außerdem haben wir einige Namen angepasst, um unseren Lesern die Identifikation mit den Figuren zu erleichtern.

1.

Wie Sie mit Gefühlen umgehen können, die das Lernen beeinträchtigen

Es waren die Erinnerungen an meine eigenen Lehrer – sowohl die, die ich mochte, als auch die, die ich hasste –, die mich zu der Entscheidung führten, selbst einer zu werden.

Ich hatte eine lange Liste im Kopf mit all den gemeinen Sachen, die ich meinen Schülern nie sagen oder die ich nie mit ihnen machen wollte, und eine klare Vision davon, wie unendlich geduldig und verständnisvoll ich sein würde. Während all meiner Pädagogikkurse an der Universität hielt ich an meiner Überzeugung fest, dass ich Kinder auf eine Weise unterrichten könnte, die ihnen Freude am Lernen vermitteln würde.

Mein erster Tag als „echte" Lehrerin war ein Schock. Soviel ich auch geplant und vorbereitet hatte, ich war völlig unvorbereitet auf diese 32 Sechstklässler. 32 Kinder mit lauten Stimmen, voll Energie und starker Wünsche und Bedürfnisse. Im Laufe des Vormittags begann der erste Krawall: „Wer hat meinen Bleistift geklaut?!" ... „Geh mir aus der Sonne!" ... „Seid still. Ich versuche zu verstehen, was die Lehrerin sagt!"

Ich gab vor, nichts zu hören, und machte mit der Stunde weiter, aber der Radau wurde größer: „Wieso muss ich neben ihm sitzen?" ... „Ich verstehe nicht, was wir machen sollen." ... „Er hat mich geschlagen!" ... „Sie hat angefangen!"

In meinem Kopf begann es zu pochen. Der Lärm im Zimmer wuchs stetig an. Worte von „Geduld und Verständnis" erstarben mir auf den Lippen. Diese Klasse brauchte einen Lehrer, der die Kontrolle hatte. Ich hörte, wie ich sagte:

„Lass das. Niemand hat deinen Bleistift geklaut."

„Du musst neben ihm sitzen, weil ich es gesagt habe."

„Es ist mir egal, wer angefangen hat. Ich will, dass es aufhört. Jetzt!"

„Wie meinst du das, du verstehst nicht? Ich habe es gerade erklärt."

„Diese Klasse ist wirklich unglaublich. Ihr benehmt euch wie Erstklässler. Könntet ihr bitte auf euren Plätzen bleiben!"

Ein Junge ignorierte mich. Er stand von seinem Platz auf, lief hinüber zum Anspitzer und dann stand er dort und spitzte seinen Stift auf die Größe eines kleinen Stummels. Mit meiner festesten Stimme befahl ich: „Das ist genug! Setz dich sofort hin!"

„Sie können mich nicht zwingen", sagte er.

„Wir werden nach der Schule darüber sprechen."

„Ich kann nicht länger bleiben. Ich fahre mit'm Bus."

„Dann muss ich deine Eltern anrufen, um das zu klären."

„Sie können meine Eltern nicht anrufen. Wir ha'm kein Telefon."

Um drei Uhr war ich völlig erschöpft. Die Kinder platzten aus dem Klassenzimmer und strömten hinaus auf die Straße. Sie waren jetzt die Angelegenheit ihrer Eltern. Ich hatte meine Pflicht getan.

Ich sank in meinen Stuhl und starrte auf die leeren Tische. Was war falsch gelaufen? Wieso hörten sie nicht auf mich? Was musste ich tun, um zu diesen Kindern durchzudringen?

Während dieser ersten paar Monate des Unterrichtens war das Muster immer dasselbe. Ich begann jeden Morgen hoffnungsfroh und ging am Nachmittag überwältigt von der Plackerei und des Versuchs überdrüssig, die Klasse durch den geforderten Lehrplan zu zerren. Aber schlimmer als alles andere: Ich wurde zu dem Lehrer, der ich nie sein wollte – ärgerlich, herrisch und herabsetzend. Und meine Schüler wurden immer missmutiger und trotziger. Während das Schuljahr voranschritt, begann ich mich zu fragen, wie lange ich wohl durchhalten könnte.

Jessie Davis, die Lehrerin der Nachbarklasse, war meine Rettung. Am Tag, nachdem ich ihr mein Herz ausgeschüttet hatte, schaute sie bei mir herein und gab mir ihre zerlesene Ausgabe von „So sag ich's meinem Kind".

„Ich weiß nicht, ob dir das hilft", sagte sie, „aber die Fertigkeiten aus diesem Buch haben mir im Umgang mit meinen eigenen Kindern zu Hause meine geistige Gesundheit bewahrt. Und sie bewirken auf jeden Fall auch etwas in meinem Klassenzimmer!"

Ich dankte ihr, steckte das Buch in meine Tasche und dachte nicht mehr daran. Eine Woche später lag ich im Bett und kurierte eine Erkältung aus. Träge griff ich nach dem Buch und schlug es auf. Gleich am Anfang sprang mir eine Textstelle sofort ins Auge:

Direkte Verbindung zwischen den Gefühlen von Kindern und ihrem Verhalten

Wenn Kinder sich gut fühlen, verhalten sie sich entsprechend. Wie helfen wir ihnen, sich gut zu fühlen? Indem wir ihre Gefühle akzeptieren!

Ich lehnte mich zurück auf mein Kissen und schloss meine Augen. Hatte ich die Gefühle meiner Schüler akzeptiert? In meinem Kopf ließ ich einige der Gespräche, die ich in dieser Woche mit den Kindern geführt hatte, Revue passieren:

Schüler: Ich kann nicht schreiben.

Ich: Das stimmt nicht.

Schüler: Aber mir fällt nichts ein, über das ich schreiben kann.

Ich: Du schaffst das! Hör einfach auf zu nörgeln und fang an zu schreiben.

Schüler: Ich hasse Geschichte. Wen interessiert schon, was vor 100 Jahren passiert ist.

Ich: Es sollte dich interessieren. Es ist wichtig, die Geschichte deines Landes zu kennen.

Schüler: Es ist langweilig.

Ich: Nein, ist es nicht. Wenn du aufpassen würdest, würdest du es auch interessant finden.

Es war so ironisch. Ich war es doch, die den Kindern immer predigte, dass jeder ein Recht auf seine individuellen Meinungen und Gefühle habe. Aber in der Praxis, wies ich die

Gefühle der Kinder jedes Mal zurück, wenn sie sich äußerten. Ich stritt mit ihnen. Ich sandte ihnen unterschwellig die Botschaft: „Es ist falsch von dir, so zu fühlen. Hör mir stattdessen zu."

Ich setzte mich im Bett auf und versuchte mich zu erinnern. Hatten meine Lehrer das je mit mir gemacht?

Es gab dieses eine Mal in der siebten Klasse, als ich niedergeschlagen war wegen meiner ersten verhauenen Mathe-Arbeit und mein Lehrer versuchte mich aufzumuntern: „Es gibt nichts, über das du dich aufregen müsstest, Lisa. Es ist nicht so, dass du zu wenig Talent in Geometrie hättest. Du hast deine Fähigkeiten nur nicht genutzt. Du musst dich dazu entschließen, das zu tun. Dein Problem ist *deine falsche Einstellung*."

Er hatte wahrscheinlich recht, und ich wusste, dass er es gut meinte, aber durch seine Worte fühlte ich mich dumm und unzulänglich. Nach einer Weile hörte ich ihm nicht mehr zu, beobachtete nur, wie sich sein Schnurrbart auf und ab bewegte, und wartete darauf, dass er fertig wäre, um von ihm wegzukommen. Ging es meinen Schülern auch so mit mir?

Während der nächsten Wochen versuchte ich sensibler auf die Gefühle meiner Schüler zu reagieren, um sie genau widerzuspiegeln:

„Es ist nicht einfach, ein Thema zu wählen, über das du schreiben möchtest."

„Ich höre, welche Gefühle du dem Fach Geschichte entgegenbringst. Du fragst dich, wieso es überhaupt irgendjemanden interessieren sollte, was vor so langer Zeit geschehen ist."

Es half. Ich konnte sofort sehen, dass die Kinder den Unterschied wahrnahmen. Sie nickten, sahen mir direkt in die Augen und erzählten mir mehr. Dann verkündete Alex eines Tages: „Ich möchte nicht in die Turnhalle gehen und niemand kann mich zwingen!" Das war genug. Ich zögerte nicht eine Minute. In frostigem Ton antwortete ich: „Du *gehst* in die Turnhalle oder du gehst ins Direktorat!"

Wieso war es so schwer, die Gefühle von Kindern anzuerkennen? Beim Mittagessen stellte ich diese Frage laut und erzählte meiner Freundin Jessie und den anderen an meinem Tisch, was ich gelesen und worüber ich nachgedacht hatte.

Maria Estes, eine Laienlehrerin, verteidigte sogleich die Lehrer: „Es gibt so viele Kinder zu unterrichten“, sagte sie, „und so viel Stoff. Wie kannst du von dir erwarten, jedes kleine Wort abzuwägen?“

Jessie sah nachdenklich aus. Sie sagte: „Wenn die Erwachsenen in unserem Leben *ihre* Worte ein bisschen mehr abgewogen hätten, gäbe es vielleicht nicht so viel, was wir uns heute wieder abgewöhnen müssten. Sehen wir den Tatsachen ins Auge. Wir sind Produkte unserer Vergangenheit. Wir sprechen mit unseren Schülern so, wie unsere Eltern und Lehrer mit uns gesprochen haben. Selbst bei meinen eigenen Kindern zu Hause hat es mich viel Zeit gekostet, damit aufzuhören, immer nur die alten Sprüche zu wiederholen. Es war ein großer Schritt für mich von: *‚Das tut nicht weh. Es ist nur ein kleiner Kratzer‘*, zu: *‚Ein Kratzer kann wehtun!‘*“

Jan Martens, der Naturwissenschaften unterrichtete, sah verblüfft aus. „Verpasse ich da etwas?“, fragte er. „Ich erkenne nicht, worin der große Unterschied bestehen soll.“

Ich dachte angestrengt nach in der Hoffnung, mir würde ein Beispiel einfallen, das ihn den Unterschied erkennen lassen würde. Dann hörte ich Jessie sagen: „Jan, stell dir vor, du bist ein Teenager und du bist gerade in die Schulmannschaft aufgenommen worden bist – Basketball, Fußball, was auch immer.“

Jan lächelte. „Fußball“, sagte er.

„Okay“, sagte Jessie nickend, „jetzt stell dir vor, du gehst voller Begeisterung zum ersten Mal zum Training und dein Trainer nimmt dich zur Seite und sagt dir, dass du aus dem Team genommen wirst.“

Jan stöhnte.

„Ein bisschen später", fuhr Jessie fort, „siehst du deine Klassenlehrerin auf dem Schulflur und erzählst ihr, was gerade passiert ist. Jetzt tu so, als wäre ich diese Klassenlehrerin. Ich werde auf deine Erfahrung auf unterschiedliche Weise reagieren. Notier mal, einfach nur so, wie sich dein inneres Kind nach jeder meiner Antworten fühlt."

Jan grinste, nahm seinen Stift und griff nach einer Papierserviette, um darauf zu schreiben.

Hier folgen die verschiedenen Ansätze, die Jessie ausprobiert hat:

Verleugnen der Gefühle

„Du regst dich wegen nichts auf. Die Welt hört nicht auf, sich zu drehen, nur weil du nicht in irgendein Team gekommen bist. Vergiss es!"

Die philosophische Antwort

„Das Leben ist nicht immer fair, aber du musst lernen, mit Rückschlägen zu leben."

Ratschlag

„Du kannst dich von solchen Sachen nicht herunterziehen lassen. Probiere es bei einem anderen Team!"

Fragen

„Wieso denkst du, hat er dich aus dem Team geworfen? Waren die anderen Spieler besser als du? Was wirst du jetzt tun?"

Verteidigung der anderen Person

„Versuch es aus der Perspektive des Trainers zu sehen. Er möchte ein Siegerteam aufstellen. Es muss schwer für ihn gewesen sein, zu entscheiden, wen er behält und wen nicht."

Mitleid

„Oh, du armer Kerl. Du tust mir so leid. Du hast dich so angestrengt, ins Team zu kommen, aber du warst einfach nicht gut genug. Und alle anderen Kinder wissen jetzt darüber Bescheid. Bestimmt möchtest du tot umfallen vor Scham."

Amateur-Psychoanalyse

„Hast du mal darüber nachgedacht, dass der wahre Grund dafür, dass du aus dem Team genommen wurdest, vielleicht der ist, dass du nicht mit ganzem Herzen bei der Sache warst? Ich denke, dass du auf einer unbewussten Ebene nicht im Team sein wolltest, deshalb hast du dich mit Absicht ungeschickt angestellt."

Jan warf seine Hände empor. „Stopp! Genug. Ich verstehe, was du meinst."

Ich fragte Jan, ob ich sehen dürfte, was er geschrieben hatte. Er schob mir die Serviette hinüber. Ich las laut:

„Sag mir nicht, wie ich mich fühlen soll."

„Sag mir nicht, was ich tun soll."

„Du verstehst mich überhaupt nicht."

„Weißt du, was du mit deinen Fragen machen kannst ...?"

„Du ergreifst für jeden Partei, außer für mich."

„Ich bin ein Loser."

„Das war das letzte Mal, dass ich dir irgendetwas erzähle."

„Du meine Güte", sagte Maria. „Vieles von dem, was Jessie da gesagt hat, klingt wie das, was ich meinem Sohn Marco sage. Was könnte man also stattdessen tun?"

„Das Leid des Kindes anerkennen", sagte ich schnell.

„Wie?", fragte Maria.

Ich fand keine Worte. Ich sah Jessie hilfesuchend an. Sie wandte sich Jan zu und fixierte ihn mit ihrem Blick.

„Jan", sagte sie, „zu erfahren, dass du aus der Mannschaft genommen wirst, obwohl du so sicher warst, dass du dabei sein würdest, muss ein großer Schock und eine große Enttäuschung für dich gewesen sein!"

Jan nickte. „Das stimmt", sagte er, „es war ein Schock. Und es war eine Enttäuschung. Und kurz gesagt, es ist eine Erleichterung, dass endlich jemand diesen einfachen Umstand versteht."

Wir alle hatten uns anschließend viel zu sagen. Maria bekannte, dass während ihrer Kindheit niemand auf ihre Gefühle geachtet hatte. Jan fragte: „Wie sollen wir unseren Schülern geben, was wir selbst nie erfahren haben?"

Wir brauchten eindeutig mehr Übung, wenn wir uns mit dieser neuen Art, auf die Kinder einzugehen, wohlfühlen wollten. Ich meldete mich freiwillig dazu, einige Beispiele dafür zu sammeln, wie wir in der Schulumgebung Gefühle anerkennen könnten. Hier folgt in Comicform, was ich ausgearbeitet und meinen Mittagspausenfreunden ein paar Tage später mitgebracht habe:

Statt Gefühle zu verleugnen

Wenn Gefühle verleugnet werden,
kann ein Schüler leicht entmutigt werden.

Drücken Sie die Gefühle mit Worten aus

Wenn negative Gefühle erkannt und akzeptiert werden, fühlt sich ein Schüler dazu ermutigt, sich weiter zu bemühen.

Statt Kritik und Ratschlägen

Der Lehrer meint es gut, aber wenn ein Schüler von Kritik und Ratschlägen überwältigt wird, findet er es schwierig, über sein Problem nachzudenken oder Verantwortung dafür zu übernehmen.

Erkenne Gefühle mit einem Wort oder einem Geräusch an („Oh" oder „Mmm" oder „Ah" oder „Verstehe")

Indem wir auf die Nöte eines Schülers mit Anteilnahme und einem gelegentlichen bestätigenden Nicken oder „Grunzen" reagieren, geben wir ihm die Freiheit, sich auf sein Problem zu konzentrieren und es möglicherweise zu lösen.

Statt vernünftiger Argumente und Erklärungen

Es ist frustrierend, wenn ein Schüler nicht auf „Argumente" anspricht. Was können wir stattdessen tun? Gibt es eine bessere Möglichkeit, Schülern zu helfen, ihren Widerstand gegen eine Aufgabe zu überwinden?

Gib dem Kind in der Fantasie, was du ihm in der Realität nicht geben kannst

Wenn wir die Wünsche eines Schülers in der Fantasie ausdrücken, machen wir es ihm leichter, mit der Realität umzugehen.

Statt Gefühle zu ignorieren

Es ist schwer für Kinder, ihr Verhalten zu verändern, wenn ihre Gefühle völlig ignoriert werden.

Akzeptiere Gefühle, selbst während du inakzeptables Verhalten unterbindest

Es ist einfacher für Kinder, ihr Verhalten zu ändern, wenn ihre Gefühle akzeptiert werden.

Jan sah sich die Zeichnungen an und schüttelte den Kopf. „Theoretisch klingt das alles wunderbar, aber mir scheint das nur eine weitere Forderung an die Lehrer zu sein. Wo sollen wir die Zeit hernehmen, um uns um die Gefühle der Schüler zu kümmern?"

Jessie blinzelte. „Du nimmst dir die Zeit", sagte sie. „Komm früher zur Schule, geh später, schling dein Essen in der Pause hinunter und vergiss die Toilettenpausen."

„Ja", fügte Jan hinzu, „und irgendwo zwischen Unterrichtsvorbereitung, Klassenarbeiten korrigieren, Tafelbilder entwickeln und Konferenzen vorbereiten – und nebenbei vielleicht ein bisschen unterrichten – machen wir uns Sorgen darüber, wie sich unsere Schüler fühlen oder wie wir ihnen in der Fantasie geben können, was sie in der Realität nicht haben."

Als ich Jan zuhörte, dachte ich mir: „Vielleicht ist es zu viel von den Lehrern verlangt."

Es war, als hätte Jessie meine Gedanken gelesen. „Ernsthaft", sagte sie, „ich weiß, dass es viel von den Lehrern verlangt ist, aber ich weiß auch, wie wichtig es für Kinder ist, sich verstanden zu fühlen. Es ist einfach eine Tatsache, dass sich Schüler *nicht* konzentrieren können, wenn sie verärgert sind. Und sie können natürlich kein neues Material aufnehmen. Wenn wir ihren Kopf frei machen wollen, damit sie denken und lernen können, dann müssen wir respektvoll mit ihren Emotionen umgehen."

„Und nicht nur in der Schule, sondern auch zu Hause", ergänzte Maria nachdrücklich.

Wir sahen sie alle an. „Als ich etwa neun Jahre alt war", erklärte sie, „zog meine Familie um, und ich musste auf eine neue Schule gehen. Meine neue Lehrerin war sehr streng.

Immer wenn sie mir einen Mathetest zurückgab, den ich geschrieben hatte, waren alle meine falschen Antworten mit großen schwarzen X ausgestrichen. Ich musste ihr den ausgefüllten Test immer und immer wieder ans Pult bringen, bis ich es richtig gemacht hatte.

Ich war so nervös in ihrem Unterricht, dass ich nicht mehr denken konnte. Manchmal habe ich sogar versucht, die Lösungen von anderen Kindern abzuschreiben. In der Nacht vor einem Test hatte ich immer Bauchweh. Ich sagte: ‚Mama, ich habe Angst.' Und sie sagte: ‚Es gibt nichts, wovor du Angst haben musst. Gib einfach dein Bestes.' Und mein Vater sagte: ‚Wenn du gelernt hättest, müsstest du keine Angst haben.' Da fühlte ich mich sogar noch schlechter."

Jan sah sie fragend an. „Angenommen, deine Mutter oder dein Vater hätte gesagt: ‚Du klingst sehr besorgt über den Test, Maria.', hätte das einen Unterschied gemacht?"

„Oh ja!", rief Maria aus. „Denn dann hätte ich ihnen von den schwarzen X erzählen können und davon, wie peinlich es war, die Aufgaben vor der ganzen Klasse wieder und wieder machen zu müssen."

Jan war immer noch skeptisch. „Und das hätte gereicht, um dich weniger ängstlich zu fühlen und besser in Mathe zu werden?"

Maria hielt inne. „Ich denke schon", sagte sie langsam. „Denn wenn meine Eltern auf meine Sorgen gehört hätten und ich darüber erzählen hätte dürfen, dann hätte ich, denke ich, mehr Mut gehabt, am nächsten Tag in die Schule zu gehen, und mehr Motivation, mich anzustrengen."

Ein paar Tage nachdem dieses Gespräch stattgefunden hatte, kam Maria mit breitem Lächeln zurück und zog ein kleines gefaltetes Papier aus ihrer Geldbörse. „Ich möchte, dass ihr ein paar von den Sachen hört, die meine eigenen Kinder diese Woche zu mir gesagt haben. Danach, müsst ihr alle raten, was ich *nicht* zu ihnen gesagt habe. Das erste Zitat ist von meiner Tochter Alina." Maria entfaltete ihren Zettel und las: „Mama, mein Sportlehrer hat mich Runden laufen lassen, weil ich mich nicht schnell genug umgezogen habe, und alle haben mir zugeschaut."

Jan antwortete sofort: „Du hast nicht gesagt: *‚Was hast du von deinem Lehrer erwartet? Dass er dich lobt? Dass er dir eine Medaille fürs Langsamsein gibt?'"*

Alle am Tisch lachten. Maria sagte: „Jetzt kommt mein Sohn Marco: ‚Mama, sei nicht wütend. Ich habe meine Handschuhe verloren.'"

„Der gehört mir", sagte Jessie. *„Was? Das ist das zweite Paar Handschuhe, das du diesen Monat verloren hast. Denkst du wir haben einen Geldesel? Wenn du in Zukunft deine Handschuhe ausziehst, steck sie in die Tasche. Und bevor du aus dem Bus aussteigst, sieh auf den Sitzen und dem Boden nach, ob du sie nicht verloren hast."*

„Moment mal. Was ist daran falsch?", fragte Jan. „Du bringst ihm Verantwortungsbewusstsein bei."

„Es ist der falsche Zeitpunkt", sagte Jessie.

„Wieso?"

„Wenn jemand am Ertrinken ist, ist nicht der richtige Zeitpunkt, ihm Schwimmunterricht zu erteilen."

„Hmmm", sagte Jan. „Darüber muss ich nachdenken ... Okay, du bist dran, Lisa", verkündete er und zeigte auf mich. Maria sah auf ihren Zettel und sagte: „Das ist auch von Alina: ‚Ich weiß nicht, ob ich noch weiter im Orchester bleiben will.'"

Ich legte sofort los: *„Nachdem wir so viel Geld für deine Geigenstunden bezahlt haben, sprichst du davon, aufzuhören! Dein Vater wird sehr wütend werden, wenn er das hört."*

Maria sah uns verblüfft an. „Wie könnt ihr alle wissen, was ich fast gesagt hätte?"

„Das war einfach.", sagte Jessie. „Das haben unsere Eltern zu uns gesagt, und ich erwische mich immer noch dabei, diese Dinge selbst zu meinen Kindern zu sagen."

„Maria", sagte Jan, „spann uns nicht auf die Folter. Was *hast* du deinen Kindern gesagt?"

„Nun", antwortete Maria stolz, „als Marco seine neuen Handschuhe nicht finden konnte, habe ich es ihm nicht vorgehalten. Ich sagte: ‚Es kann sehr ärgerlich sein, etwas zu verlieren ... Denkst du, du könntest deine Handschuhe im Bus liegen gelassen haben?' Er starrte mich an, als könne er seinen Ohren nicht trauen, und sagte er würde morgen früh den Busfahrer fragen, ob er sie gefunden hätte.

Und als Alina sagte, der Lehrer habe sie vor allen Runden laufen lassen, sagte ich: *‚Das muss ganz schön peinlich gewesen sein.'* Sie antwortete: ‚Ja, war es', und wechselte dann das Thema, was nicht ungewöhnlich für sie ist, weil sie mir nie erzählt, was los ist.

Aber die große Überraschung kam später. Nach ihrer Musikstunde sagte sie: ‚Ich weiß nicht, ob ich weiter im Orchester bleiben will.' Ihre Worte verschlugen mir fast den Atem, aber ich antwortete: *‚Also: ein Teil von dir will im Orchester bleiben und ein Teil will es nicht.'* Sie wurde sehr still. Dann fing sie an zu reden, und es kam alles heraus. Sie sagte mir, dass sie gerne spiele, aber dass die Klassenarbeiten so viel ihrer Zeit beanspruchten, dass sie ihre Freundinnen gar nicht mehr sehe. Jetzt riefen sie nicht einmal mehr an und vielleicht seien sie gar nicht mehr ihre Freunde. Dann fing sie an zu weinen und ich hielt sie."

„Oh, Maria", sagte ich tief berührt von ihrer Erfahrung.

„Es ist seltsam, nicht wahr?", sagte Jessie. „Alina konnte dir nicht erzählen, was sie wirklich beschäftigte, bis du ihre gemischten Gefühle akzeptiert hattest."

„Ja", stimmte Maria begeistert zu, „und sobald das wirkliche Problem zu Tage lag, kam ihr auch eine Idee, wie sie es selbst lösen könnte. Am nächsten Tag erzählte sie mir, sie habe beschlossen im Orchester zu bleiben, und dass sie hoffe, vielleicht dort ein paar neue Freunde finden zu können."

„Das ist wunderbar!", sagte ich.

„Ja", sagte Maria mit gerunzelter Stirn, „aber ich habe euch nur meine guten Taten berichtet. Ich habe euch nicht erzählt, was passiert ist, als Marco mir sagte, er hasse Herrn Petersen."

„Ohhh ... Das ist schwierig", sagte ich, „Hast du nicht das ganze letzte Jahr in Herrn Petersens Klasse gearbeitet?"

Marias Blick war gequält. „Ein sehr guter Lehrer", murmelte sie. „Sehr engagiert."

„Genau das meine ich", sagte ich. „Du warst in der Zwickmühle. Einerseits wolltest du deinen Sohn unterstützen. Andererseits schätzt du Herrn Petersen und wolltest ihn nicht kritisieren."

„Nicht nur Herrn Petersen", sagte Maria. „Ich bin vielleicht altmodisch, aber ich bin in dem Glauben aufgewachsen, dass es falsch sei, ein Kind schlecht über einen Lehrer reden zu lassen."

„Aber deinen Sohn zu unterstützen", rief Jessie aus, „heißt nicht, dass du gegen Herrn Petersen sein musst." Sie umriss in groben Zügen ihre Version einer typischen Elternreaktion auf die Beschwerde eines Kindes über seinen Lehrer. Dann arbeiteten wir alle zusammen an einem hilfreichen Dialog. Unsere Herausforderung war es, weder dem Kind zuzustimmen, noch den Lehrer abzuwerten.

Dies war das Ergebnis:

Statt zu kritisieren, zu fragen und Ratschläge zu geben

Akzeptiere Gefühle und Wünsche und spiegle sie wider

Es klingelte. Jan nahm sein Essenstablett auf und sagte: „Ich bin mir immer noch nicht sicher bei alldem. Vielleicht ist es für Eltern in Ordnung, aber mir scheint, für einen Lehrer sollte es genügen, anständig zu sein, Kinder zu mögen, etwas von seinem Fach zu verstehen und es unterrichten zu können."

„Leider", sagte Jessie, als sie mit ihm hinausging, „ist es nicht genug. Wenn du in der Lage sein willst zu unterrichten, brauchst du Schüler, die emotional bereit sind, zuzuhören und zu lernen."

Ich folgte ihnen mit dem Gefühl, es gäbe noch mehr zu sagen, aber ohne zu wissen, was. Als ich an diesem Nachmittag mit dem Auto nach Hause fuhr, ging ich die vielen Gespräche dieser Woche noch einmal durch und fühlte, wie eine neue Überzeugung in mir wuchs.

Ich wünschte, ich hätte daran gedacht, es Jan zu erzählen:

Als Lehrer ist unser Ziel größer als das bloße Weitergeben von Fakten und Informationen.

Wenn wir wollen, dass unsere Schüler mitfühlende menschliche Wesen sind, dann müssen wir auf mitfühlende Weise auf sie reagieren.

Wenn wir die Würde unserer Kinder achten, dann müssen wir Methoden formen, die ihre Würde bekräftigen.

Wenn wir junge Menschen in die Welt aussenden möchten, die sich selbst und andere respektieren, dann müssen wir damit beginnen, dass wir sie respektieren. Und das können wir nicht, solange wir keinen Respekt für ihre Gefühle zeigen.

Ich wünschte, das hätte ich gesagt.

Zur Erinnerung

Die Gefühle von Kindern müssen anerkannt werden, zu Hause und in der Schule

Kind: Nur wegen ein paar Flüchtigkeitsfehlern habe ich nur 70 Punkte bekommen.

Erwachsener: Keine Sorge. Nächstes Mal bist du besser.

Statt die Gefühle des Kindes abzuweisen, können wir ...

1. die Gefühle des Kindes identifizieren.

   „Du klingst sehr enttäuscht. Es kann sehr ärgerlich sein, wenn man die Antwort kennt und wegen Flüchtigkeitsfehlern Punkte verliert."
2. die Gefühle eines Kindes mit einem Geräusch oder einem Wort anerkennen.

   „Oh" oder „Mmm" oder „Ah" oder „Verstehe".
3. dem Kind in der Fantasie geben, was wir ihm in der Realität nicht geben können.

   „Wäre das nicht toll, wenn du einen magischen Bleistift hättest, der aufhören würde zu schreiben, wenn du im Begriff bist, einen Fehler zu machen?!"
4. die Gefühle des Kindes akzeptieren, auch wenn wir inakzeptables Verhalten unterbinden.

   „Du bist immer noch so wütend über deine Note, dass du deinen Tisch trittst! Das kann ich nicht erlauben. Aber du kannst mir mehr davon erzählen, was dich ärgert. Oder du kannst es zeichnen."

Fragen und Geschichten von Eltern und Lehrern

Fragen von Eltern

1. Manchmal bekommt mein siebenjähriger Sohn Billy einen Anfall, wenn er seine Hausaufgaben macht. Wenn er etwas nicht versteht, reißt er die Seite aus seinem Heft, wirft es auf den Boden oder zerbricht seinen Stift. Was kann ich gegen solche Ausbrüche tun?

Billy braucht Eltern, die ihm helfen, seine Gefühle zu identifizieren, und ihm beibringen, damit umzugehen. Er muss hören: „Es kann sehr frustrierend sein, wenn man nicht auf die Lösung kommt! Man will dann etwas zerreißen und herunterwerfen und kaputtmachen. Billy, wenn du dich so fühlst, sag: *‚Papa, ich bin frustriiiiiert!! Kannst du mir helfen?‘* Vielleicht können wir uns dann zusammen etwas ausdenken."

2. In der letzten Woche war meine 13-jährige Tochter zu verärgert, um Hausaufgaben zu machen oder für ihre Prüfungen zu lernen. Scheinbar hat sie ihrer besten Freundin in strengster Vertraulichkeit erzählt, dass sie einen bestimmten Jungen „mag", und ihre Freundin erzählte es ihm gleich. Nachdem ich ihr mein Mitleid ausgesprochen und Verständnis dafür gezeigt hatte, wie betrogen sie sich fühlen müsse, wusste ich nicht, was ich weiter sagen sollte oder welchen Rat ich ihr geben könnte. Was hätte ich ihr sagen können?

Eines der Probleme mit Ratschlägen – selbst erbetenen („Mama, was soll ich tun?") – ist, dass Kinder, die sich in emotionalem Aufruhr befinden, Sie nicht hören können. Sie empfinden zu viel Leid. Ihr eiliger Ratschlag wird entweder irrelevant erscheinen („Was hat das mit mir zu tun?"), er wird als Eindringen in die Privatsphäre verstanden („Sag mir nicht, was ich tun soll!"), als Erniedrigung („Denkst du, ich bin so blöd, dass ich da nicht selbst drauf kommen hätte können?") oder als Bedrohung („Das klingt gut, aber ich könnte das nie tun.“)

Bevor Ihre Tochter überhaupt anfangen kann, über Lösungen nachzudenken, gibt es viele Bedenken, die sie vielleicht mit Ihnen teilen möchte: „Sollte ich meine Freundin zur Rede stellen? Wie? Kann ich ihr jemals wieder vertrauen? Sollte ich die Beziehung aufrechterhalten? Sollte ich etwas zu dem Jungen sagen? Wenn ja, was?“

Das sind alles bedenkenswerte Fragen, die ihr die Gelegenheit geben, mehr über menschliche Beziehungen zu lernen. Indem Sie sie sofort mit einem Ratschlag konfrontieren, entgeht ihr eine wichtige Lernerfahrung.

3. Gibt es gar keine richtige Zeit für Ratschläge?

Nachdem Sie sich alles angehört haben, was ein Kind zu sagen hat, können Sie vorsichtig fragen: „Was würdest du davon halten, wenn ...?“ „Denkst du, es würde helfen, wenn ...?“ „Erscheint es dir sinnvoll, dass ...?“ „Was denkst du, würde passieren, wenn ...?“ Indem Sie dem Kind die Möglichkeit geben Ihre Vorschläge zu akzeptieren oder zu hinterfragen, ermöglichen Sie ihm, Ihre Gedanken zu hören und abzuwägen.

4. Kürzlich trampelte mein Sohn im Haus herum und meckerte über seinen Sozialkundelehrer: „Wir müssen jeden Tag die Zeitung lesen und jede Woche diskutieren, und er lässt uns dauernd Prüfungen schreiben. Niemand gibt uns so viele Hausaufgaben auf wie Herr M.!“ Ich weiß nie, wie ich antworten soll. Langsam erreiche ich den Punkt, wo mir die Kinder leid tun.

Ihr Sohn braucht Ihr Mitleid nicht. Er braucht Ihr Verständnis und Anerkennung für die Aufgaben, denen er sich stellt.

Eine der folgenden Aussagen könnte hilfreich sein:

„Herr M. gibt also ganz schön viele Aufgaben auf.“

„Ich kann hören, wie sehr du ihm den ganzen Druck übelnimmst.“

„Wenn du der Lehrer wärst, würdest du bestimmt einführen, dass es ab und zu einen hausaufgabenfreien Tag gibt."

„Klingt, als sei Herr M. ein harter und fordernder Lehrer. Es muss eine echte Herausforderung sein, seinen Anforderungen gerecht zu werden."

5. Was kann man mit einem Kind tun, das sich weigert zu erzählen, was ihm Sorgen bereitet?

Als Erwachsene haben wir alle schon Erfahrungen gemacht, über die wir mit niemandem sprechen wollten – vorerst oder für immer. Manche von uns verarbeiten ihre Verwundungen oder Schmerzen oder Scham lieber alleine. Kinder sind nicht anders. Sie senden klare Signale, wenn sie allein gelassen werden wollen, um ihre Wunden zu versorgen. Selbst nach Worten, die zum Gespräch einladen, wie: „Heute muss dir etwas Schlimmes passiert sein", drehen sie sich fort, verlassen den Raum oder sagen Ihnen knapp: „Ich möchte nicht darüber reden." Das Einzige, was wir tun können, ist, sie wissen zu lassen, dass wir für sie da sind, falls sie ihre Meinung ändern.

Geschichten von Eltern

Die erste Geschichte, die von einer Mutter eingeschickt wurde, handelte davon, wie ihr Mann ihrem Sohn half, mit seinen „Erste-Woche-Schulängsten" umzugehen.

Am zweiten Schultag bemühte ich mich intensiv, meinen Kindern eine frühere Zu-Bett-Geh-Zeit nahezulegen. Alle zeigten sich einsichtig – bis auf Anton, meinen Neunjährigen. Er weinte und stritt mit mir und egal was ich sagte, er machte sich nicht fürs Bett fertig. Schließlich sagte ich meinem Mann: „Lars, du übernimmst besser mal ‚deinen' Sohn, denn ich drehe langsam durch!" Als Nächstes geschah dies:

Lars: Hey Toni, ich will mit dir sprechen. Mama sagt, du machst es ihr schwer. Was ist los? Mir scheint, etwas beschäftigt dich.

Anton: Ich mache mir viele Sorgen!

Lars: Nun, ich will sie hören. Alle. Lass uns in deinem Zimmer darüber reden.

Sie gehen zusammen in Antons Zimmer. Lars kommt 20 Minuten später wieder heraus und sieht aus, als wäre er zufrieden mit sich.

Ich: Was ist passiert?

Lars: Nichts. Ich habe das Kind ins Bett gebracht.

Ich: Wie hast du das gemacht?

Lars: Ich habe seine Sorgen aufgeschrieben.

Ich: Das ist alles?

Lars: Und ich habe sie ihm vorgelesen.

Ich: Was ist dann passiert?

Lars: Ich habe ihm gesagt, dass ich ihm am Wochenende helfen werde, mit seinen Problemen fertig zu werden, und er hat die Liste unter sein Kissen gelegt, seinen Schlafanzug angezogen und ist ins Bett gegangen.

Als ich am nächsten Morgen Antons Bett machte, fiel seine Liste auf den Boden. Darauf stand Folgendes:

Was Anton Sorgen macht:

1. Unordnung in Schrank und Zimmer. Zu wenig Platz, um sich auszubreiten.
2. Braucht mehr Kleidung für die Schule.
3. Sehr viel Arbeit in der Schule und viele Bücher zu tragen.
4. Braucht mehr Geld für Verpflegung in der Schule.
5. Etwas stimmt mit dem Fahrrad nicht. Die Kette springt immer wieder raus.
6. Hat einen Euro unter der Waschmaschine verloren. (Gibt ihm das Gefühl, selbst das wenige Geld, das er hat, verschwindet.)
7. Denkt, vielleicht könnten alle finanziellen Probleme gelöst werden, wenn sein Vater ihm 100 Euro gibt.

Ich musste lächeln, als ich es las. Man denkt ja, nur Erwachsene haben „echte" Sorgen. Es ist leicht zu vergessen, dass Kinder auch Sorgen haben. Und genau wie wir brauchen sie jemanden, der zuhört und ihre Sorgen ernst nimmt.

*

Diese Geschichte beschreibt, wie eine Mutter ihrer Tochter geholfen hat, ihre Widerstände gegen die Aufnahmeprüfung an der Universität zu überwinden.

Fast alle in der Abiturklasse hatten sich schon an verschiedenen Universitäten beworben, bis auf meine Tochter Karen. Sie hatte immer dazu geneigt, alles bis zur letzten Sekunde aufzuschieben, aber diesmal ging es zu weit. Ich versuchte, nicht zu nörgeln und bei jeder sich bietenden Gelegenheit eine unverbindliche Erinnerung ins Gespräch einzuflechten, aber das führte zu nichts. Dann setzte sich ihr Vater mit ihr hin und versuchte die Sache in Gang zu bringen. Er war sehr geduldig. Er ging einige Dinge durch, die die Universität seiner Meinung nach in einem Bewerbungsschreiben über sie erfahren wollte, und half ihr sogar, eine Gliederung zu schreiben. Karen versprach, es bis zum Wochenende fertig zu machen, aber das tat sie nicht.

Während die Tage verstrichen, wurde ich langsam hysterisch und schrie sie an. Ich warnte sie davor, dass sie, wenn sie ihre Bewerbung nicht sofort abschickte, nie einen vernünftigen Studienplatz bekommen würde. Immer noch rührte sie sich nicht.

Dann sagte ich in einem Moment der Eingebung – der aus Verzweiflung erwuchs: „Mensch, ein Bewerbungsschreiben an eine Universität zu verfassen, kann ganz schön bedrohlich wirken. All die Fragen zu beantworten und einen Essay zu schreiben, der vielleicht darüber entscheidet, in welchen Studiengang man kommt, ist eine Aufgabe, die jeder gerne so weit wie möglich vor sich her schieben würde."

Sie rief aus: „Ja, genau!"

Ich sagte: „Wäre es nicht toll, wenn sie ganz auf die Bewerbungsverfahren verzichten würden, und jede Universität hätte

Zulassungsbeamte mit telepathischen Kräften, die automatisch sofort wüssten, wie glücklich sie sich schätzen könnten, dich anzunehmen? Du würdest mit Akzeptanz überschüttet werden!"

Karen lächelte breit und ging hinauf und ins Bett. Am nächsten Nachmittag fing sie tatsächlich an, ihre Bewerbung zu schreiben. Am Ende der Woche war alles in der Post!

*

Eine Mutter, die mit der schweren, langen Krankheit ihrer Tochter umgehen musste, teilte ihre Erfahrungen mit uns:

Als mein Sohn Tom etwa elf war, hatte er bereits einen Herzschrittmacher und eine besondere Brille, um seine schwachen Augenlider zu halten. Jetzt brauchten wir auch noch ein Hörgerät. Als wir vom Ohrenarzt nach Hause fuhren, verkündete Tom: „Du kaufst dieses blöde Hörgerät besser gar nicht. Ich werde es auf keinen Fall in der Schule tragen. Ich werde es einfach in den Müll werfen. Ich werde es ins Klo werfen!"

Während ich fuhr, wurde mir das Herz schwer. Ich war klug genug, meinen Mund zu halten, bis mir etwas einfiel, das die Sache nicht schlimmer machte. Mein Sohn sah zu mir herüber und sagte: „Hast du gehört, was ich gesagt habe?"

Ich antwortete (Gott sei Dank): „Ich höre einen Jungen, der die Idee absolut hasst, ein Hörgerät zu tragen – der findet, dass es das Schlimmste ist, was er sich nur vorstellen kann!"

Tom saß für einen Moment still. Dann sagte er: „Ja ... und wenn jemand in der Schule sich über mich lustig macht, trage ich es nie wieder!"

Ich hielt inne und wagte dann zu sagen: „Vielleicht möchtest du, dass der Frisör deine Haare an den Seiten ein bisschen länger lässt."

Tom sagte: „Ja, sagen wir es ihm."

Das Pochen in meiner Brust ließ nach und ich sprach ein Dankgebet für die Fertigkeiten, die ich erlernt hatte.

1. Ist es meine Aufgabe, mich um die Gefühle der Schüler im Klassenzimmer zu kümmern? Sind dafür nicht der Vertrauenslehrer und der Schulpsychologe zuständig? Ich habe kaum Zeit zu unterrichten.

Manchmal stellt sich der scheinbar „lange Weg" als der kürzere heraus. Ein paar Minuten für den Umgang mit den starken Gefühlen eines Schülers aufzuwenden, kann besser sein, als zuzulassen, dass sie sich zu einem Problem entwickeln, das wertvolle Unterrichtszeit kostet. Und dabei helfen Sie auch noch einem Kind in Not.

2. Ich komme überhaupt nicht weiter, wenn ich meine Schüler frage, wie sie sich fühlen. Meistens antworten sie: „Ich weiß nicht." Woran liegt das?

Kinder fühlen sich unwohl, wenn Erwachsene sie nach ihren Gefühlen fragen. „Wie hast du dich gefühlt? ... Wie fühlst du dich jetzt? ... Wütend? ... Ängstlich? ... Wieso fühlst du dich so?" – Fragen wie diese führen eher dazu, dass Kinder sich verschließen, statt dass sie sich öffnen. Besonders beunruhigend für ein Kind ist die Frage, *warum* es sich so fühlt. Das Wort *„warum"* verlangt von ihm, seine Gefühle zu rechtfertigen, einen logischen, akzeptablen Grund zu nennen, aus dem es sie hat. Oft kennt es den Grund nicht. Es hat noch nicht die psychologische Reife zu sagen: „Als die Kinder an der Bushaltestelle mich gehänselt haben, war das ein Schlag für mein Selbstbewusstsein."

Ein unglückliches Kind schätzt es am meisten, wenn ein Elternteil oder Lehrer, eine Vermutung darüber wagt, was in ihm vorgehen mag. „Es tut weh, gehänselt zu werden. Egal was der Grund ist, es kann wirklich weh tun." So erfährt das Kind, dass der Erwachsene für ihn emotional erreichbar ist, wenn es sich später aussprechen möchte.

3. Sie sagen, es ist wichtig für Kinder, dass ihre schlimmsten Gefühle akzeptiert werden. Besteht nicht die Gefahr,

dass Schüler unsere Akzeptanz als Erlaubnis dafür auslegen, dass sie ihre schlimmsten Gefühle auch ausleben?

Nicht, wenn wir Gefühle und Verhalten klar unterscheiden. Ja, Schüler haben ein Recht darauf, sich wütend zu fühlen und dies auch auszudrücken. Nein, sie haben nicht das Recht, sich auf eine Weise zu verhalten, die anderen schadet, sei es körperlich oder emotional. Wir können David zum Beispiel sagen: „Du warst so wütend auf Michael, dass du versucht hast, ihn zu schlagen. David, ich kann nicht erlauben, dass sich meine Schüler gegenseitig verletzen. *Sag Michael mit Worten, wie du dich fühlst, nicht mit Fäusten.*"

4. Einer meiner Schüler in der Mittelstufe kommt aus einer Problemfamilie. Es fällt mir schwer, Verständnis zu zeigen, wenn er „ich hasse dich" oder „Sie sind gemein" sagt oder Worte benutzt, die ich hier nicht wiedergeben möchte. Ich weiß nie, wie ich reagieren soll. Haben Sie eine Idee?

Manchmal testet ein aufgewühlter Schüler seinen Lehrer, indem er absichtlich über die Stränge schlägt, um ihn wütend zu machen oder in die Defensive zu bringen. Es geht darum, den Lehrer zu reizen und zu einer langen Tirade zu verleiten, während sich die Klasse darüber amüsiert. Statt feindlich zu reagieren, können Sie ruhig sagen: „Es hat mir nicht gefallen, was ich da gerade gehört habe. Wenn du wütend bist, sag es mir auf eine andere Weise, dann höre ich gerne zu."

5. Eine meiner Schülerinnen hat mir vor Kurzem von einigen Sorgen berichtet, die sie zu Hause hat. Scheinbar streiten ihr Bruder und ihre Eltern ständig. Ich sagte: „Ich verstehe, dass du darüber unglücklich bist, aber sieh dir an, wie viel es gibt, für das du dankbar sein kannst." Sie brach in Tränen aus. Was habe ich falsch gemacht?

Hüten Sie sich vor dem Wörtchen *„aber"*. Es lehnt das Gefühl ab, das gerade geäußert wurde und signalisiert: „Jetzt erkläre ich dir, wieso deine Gefühle nicht wichtig sind." Es ist wichtig für Kinder, dass sie hören, dass ihre Gefühle bedingungslos akzeptiert werden. („Ich kann sehen, wie unglücklich du darüber bist, was bei dir zu Hause passiert. Du wünschst dir, dass alle besser miteinander auskommen.") Eine Antwort, die volles Verständnis vermittelt – ohne Vorbehalte –, gibt jungen Menschen den Mut, sich mit ihren Gefühlen auseinanderzusetzen.

Geschichten von Lehrern

Die erste Geschichte stammt von einer Erzieherin im Anerkennungsjahr, die einer zweisprachigen Vorschulgruppe zugeteilt wurde.

Mehrere Wochen nach Beginn des Kindergartenjahres brachte eine Mutter, die gerade in die Nachbarschaft gezogen war ihren kleinen Jungen in die Gruppe, stellte ihn der Erzieherin vor und verließ den Raum dann schnell. Die Erzieherin lächelte freundlich, brachte ihn zu seinem Platz, reichte ihm Kreiden und Papier und erklärte ihm, dass die Kinder Bilder von jemandem aus ihrer Familie malten. Der kleine Junge brach in Tränen aus. Die Erzieherin sagte: „No, no. No llores." („Weine nicht.") Ich rückte näher, um ihn zu trösten und die Erzieherin winkte mich fort. „Lass ihn in Ruhe", sagte sie streng, „oder er weint bis Juni." Dann ging sie zurück zu ihrem Tisch, um ihren Bericht fertigzuschreiben.

Ich versuchte ihn zu ignorieren, aber er weinte zu jämmerlich, um es zu ertragen. Ich setzte mich neben ihn und streichelte ihm sanft den Rücken. Er legte seinen Kopf auf den Tisch und schluchzte: „Quiero mi mama ... Quiero mama!" („Will meine Mama ... Will Mama!" Ich flüsterte ihm zu: „Quieres tu mama?" („Du willst zu deiner Mama?") Er starrte mich durch seine verweinten Augen an und sagte: „Si."

Ich sagte (auf Spanisch): „Es ist schwer, deine Mama zu verlassen. Auch wenn du weißt, dass du sie bald wiedersiehst, ist es nicht leicht zu warten. Vielleicht können wir ein Bild von deiner Mama malen." Dann nahm ich eine Kreide, machte einen Kreis für das Gesicht und zeichnete eine Nase und einen Mund. Dann gab ich ihm die Kreide und sagte: „Hier, mach du die Augen."

Er hörte auf zu weinen, umklammerte die Kreide und zeichnete sorgfältig zwei Punkte. „Du hast ihr Augen gegeben. Welche Farbe bekommt ihr Haar?" Er griff nach einer schwarzen Kreide und fuhr fort, indem er ihr Haare malte. Als ich ihn verließ, arbeitete er immer noch an seinem Bild.

Ich fühlte mich toll. Ich schätze, ich hätte ihn ignorieren können, und er hätte sich irgendwann beruhigt, aber ich weiß, dass ich ihm, indem ich seine schlechten Gefühle bestätigte, half, sie zu überwinden.

*

Diese nächste Szene wurde uns von einem Lehrer berichtet, der Werken unterrichtet. Er erzählte, wie er einen Kampf im Pausenraum beendete, indem er den Zorn aller Beteiligten würdigte.

Ich hörte Schreie und sah zwei Jungen auf dem Boden. Ich rannte hin und zog Manuel von Julio herab, auf dem er saß und ihm auf die Brust schlug. Das Folgende spielte sich ab, während ich sie voneinander trennte:

Ich: Mensch, ihr beiden seid wütend aufeinander!

Manuel: Er hat mir zwischen die Beine getreten!

Ich: Das tut furchtbar weh! Kein Wunder, dass du so wütend bist.

Julio: Er hat mir in den Bauch geschlagen.

Ich: Also deshalb hast du ihn getreten!

Manuel: Er hat meine Kartoffelchips genommen.

Ich: Oh, also deshalb warst du wütend. Nun, ich schätze, jetzt wo Julio weiß, dass du nicht willst, dass jemand deine Chips nimmt, wird er es nicht wieder machen.

Manuel: Das wäre besser.

Sie standen da und blickten sich grimmig an.

Ich: Vielleicht braucht jeder von euch ein bisschen Zeit für sich allein, bevor ihr wieder Freunde sein könnt.

Das war's. Später sah ich die beiden auf dem Korridor lachend nebeneinandergehen. Als sie mich sahen, rief Julio: „Schauen Sie mal, wir sind wieder Freunde!"

*

Diese letzte Geschichte kam von einer Lehrerin, die mit Schülern umgehen musste, die erschüttert vom Ausbruch eines Krieges waren.

Am Tag nachdem der Golfkrieg ausgebrochen war, schienen viele Kinder ängstlich und nervös. Ich dachte, das Beste was ich tun könnte, wäre, die aktuellen Geschehnisse aus einer historischen Perspektive darzustellen. Also bereitete ich eine Stunde vor, in der wir andere Kriege betrachten würden, die die USA erfolgreich geführt hatten, beginnend mit dem Unabhängigkeitskrieg. Als ich mein Vorhaben verkündete, wurden die Schüler still. Ein Mädchen sagte: „Frau Ritter, könnten wir vielleicht darauf verzichten? Könnten wir darüber reden, wie wir über den Krieg denken?"

Alle blickten mich sorgenvoll an. Ich fragte: „Wollt ihr das tun?" Einige Köpfe nickten ernsthaft. Es berührte mich, dass sie mir so sehr vertrauten, dass sie nach einer Alternative zur vorbereiteten Stunde fragten.

Einer der Jungen fing an: „Krieg ist blöd", sagte er finster.

Alle Augen richteten sich auf mich, um zu sehen, wie meine Reaktion ausfallen würde. „Ich kann hören, dass du ein starkes Gefühl dazu hast", sagte ich. „Erzähl uns mehr."

Das funktionierte. Die nächsten 30 Minuten verflogen, während die Schüler der Reihe nach ihre schlimmsten Ängste und tiefsten Befürchtungen ausdrückten. Dann sagte jemand: „Lasst uns schreiben. Okay?" „Gut", dachte ich. Vielleicht würde es ihnen helfen, wenn sie es irgendwie schafften, ihre intensiven Gefühle kreativ auszudrücken.

Sie öffneten ihre Hefte und schrieben in trister Stille. Gegen Ende der Stunde fragte ich, ob jemand seine Arbeit laut vorlesen wollte. Viele wollten. Hier sind Auszüge der Texte dreier

Schüler:

Voll Angst und fern der Heimat
kämpfen sie und geben ihr Leben
für etwas, das hätte verhindert
werden können.

Silvia

Im Krieg hört man viele Geräusche,
Geräusche von Schüssen oder Schreie um Hilfe,
aber das Geräusch das am lautesten ist,
ist das Geräusch brechender Herzen
der Familien, deren Männer im Krieg sterben.

Joseph

Viele Unschuldige werden sterben,
und viele Weitere beginnen zu weinen.
Wenn ihre Mamas und Papas sterben,
sind die Kinder traurig,
haben die Kinder Angst,
verstehen die Kinder nicht, wieso.

Hannes

Am Ende der Stunde schien sich die schwere Wolke, die über dem Zimmer gelegen hatte, zu heben. Die Kinder hatten ihren gemeinsamen Schmerz geteilt. Wir alle fühlten uns einander stärker verbunden. Ein bisschen weniger allein.

2.
Sieben Fertigkeiten, die Kinder dazu motivieren, mitzuarbeiten

Während meines ersten Jahres als Lehrerin ähnelte meine Vorstellung davon, wie Zusammenarbeit entsteht, dem Nike-Slogan: „Just do it!" Ich hatte viel Zeit darauf verwendet, den Tag sorgfältig zu planen und in eine Reihe sinnvoller Unterrichtsstunden einzuteilen. Wir hatten viel Stoff zu bearbeiten und wenig Zeit dazu. Wenn die Schüler also einfach still dasitzen und „zusammenarbeiten" würden, könnten wir unsere Unterrichtszeit maximieren.

Zusammenarbeit bedeutet: *zusammen auf ein gemeinsames Ziel hin zu arbeiten*; allerdings stellte ich fest, dass manche Schüler sich verhielten, als ob es ihr gemeinsames Ziel wäre, meine Arbeit zu boykottieren! Mitten in der Hausaufgabenkontrolle fragte jemand, ob er auf die Toilette gehen dürfe, ein Papierflieger flog durch den Raum und ein Schüler fiel vom Stuhl.

Was war mit diesen Kindern los? War ihnen nicht klar, wie wichtig Bildung für sie war? Wieso konnten sie sich nicht ein wenig in Selbstkontrolle üben?

Dann eines Tages während der Pausenaufsicht zusammen mit einer älteren Kollegin beobachtete ich eine Gruppe von Schülern, die sich gegenseitig schubsten, schoben und anschrien, weil sie uneins waren, wer an der Reihe sei, mit einem Ball zu spielen. Meine Kollegin rollte mit den Augen und sagte: „Schau sie dir an. Sie sind unreif. Wieso verhalten sie sich so kindisch?" Ich gab einen nicht zu deutenden Laut von mir, aber bei mir dachte ich: „Vielleicht liegt es daran, dass sie Kinder sind, und vielleicht müssten wir Erwachsene ein bisschen verständnisvoller dafür sein, wie sich echte Kinder verhalten." Als ich Jessie im Lehrerzimmer traf, berichtete ich ihr von meiner großen Erkenntnis während der Pausenaufsicht.

Jessie schüttelte den Kopf. „Was du siehst, ist mehr als einfach nur kindisches Verhalten. Manche von diesen Kindern sind mit Problemen konfrontiert, die wir uns nicht einmal hätten vorstellen können, als wir aufwuchsen. Ich habe Kinder in meiner Klasse, die kaum je ihre Eltern sehen. Sie sind leistungsstarke

Fachkräfte, die von ihrer Karriere verschlungen werden und verzweifelt versuchen ‚alles zu erreichen'. Ich habe andere Kinder, deren Eltern nicht zu Hause sein *können*, weil sie tags und nachts arbeiten, nur um zu überleben. Jan hat ein Kind, das in einem Jahr in zwei Pflegeheimen und drei verschiedenen Schulen war. Und du hast mir erzählt, dass eines deiner Kinder in einem Obdachlosenheim lebt.

Diese Kinder müssen nicht nur mit all den normalen Problemen des Erwachsenwerdens umgehen, viele von ihnen hatten außerdem nie die Chance, Kind zu sein."

Jessie hielt hier inne und seufzte. „Die traurige Wahrheit ist, dass Kinder in der heutigen Welt mit beispiellosem Stress und Vernachlässigung konfrontiert werden. Wenn wir uns irgendwelche Hoffnungen machen wollen, dass wir ihnen helfen können, akademische Fähigkeiten zu erlangen, müssen wir ihnen helfen, ein wenig von dem emotionalen Gepäck abzuladen, das sie mit in unsere Klassenzimmer nehmen. Das bedeutet unsere Rolle als Lehrer muss sich so verändern, dass sie auch viele Elemente der Kindererziehung enthält."

Ich vermutete, Jessie habe recht. Obwohl manche meiner Kinder vorbereitet und wissensdurstig in die Schule kamen, schienen andere abgelenkt und bedürftig. Vielleicht erklärte das, wieso sie sich meinen einfachsten Fragen verweigerten. Was auch immer zu Hause vor sich ging, lenkte ihr Verhalten auch in der Schule. Auf eine Weise, die fast Sinn ergab. Wenn Nils seine Mutter fragte, ob er ihr seinen Aufsatz vorlesen dürfe, sagte sie ihm, er solle sie in Ruhe lassen. (Ihr Freund hatte sie gerade verlassen.) Melissa, deren verwitweter Vater Alkoholiker war, wurde von einer jugendlichen Babysitterin und dem Fernseher großgezogen. Sie hatte keine Ahnung, wie sie mit Erwachsenen umgehen sollte. Eriks Mutter war chronisch depressiv. Was konnte irgendeines dieser Kinder über Zusammenarbeit wissen? Sie lernten sie sicherlich nicht von ihren Eltern. Natürlich konnte ich nicht ändern, was bei ihnen zu Hause geschah. Aber vielleicht konnte ich ändern, was in der Schule geschah.

Als ich über meinen Lehrstil nachdachte, musste ich zugeben, dass ich manchmal wie ein Offizier klang, der Befehle kläffte:

„Spitz deinen Bleistift."

„Heb die Hand, bevor du sprichst."

„Schreibt euren Namen auf das Blatt."

„Bleib sitzen."

„Nehmt eure Bücher raus."

„Augen auf dein eigenes Blatt."

„Bleibt in der Reihe."

„Nicht so laut."

„Kaugummi in den Müll."

„Sei vorsichtig mit dem Computer!"

Ich sagte den Kindern nicht nur, was sie tun sollten, sondern auch, was sie nicht tun sollten:

„Im Gang wird nicht gelaufen."

„Nicht schubsen."

„Sei nicht grob."

„Kein Schlagen!"

„Vergesst eure Hausaufgaben nicht."

„Schreib nicht auf dein Pult."

„Hört auf zu schwätzen."

„Keine Spickzettel!"

Statt Inhalte zu lehren, verbrachte ich die meiste Zeit mit dem Versuch, meine außer Kontrolle geratenen Schüler zu kontrollieren. Aber wenn ich das nicht tat, wie würden sie dann je lernen, sich auf zivilisierte Weise zu benehmen? Und doch schien es, dass sie umso mehr Widerstand leisteten, je mehr Befehle ich gab. Wertvolle Unterrichtszeit ging durch Trotz und Machtkämpfe verloren. An besonders harten Tagen hatte ich meine ganze Geduld, Energie und Stärke verbraucht, wenn ich nach Hause ging.

Ich kehrte zu meiner Ausgabe von „So sag ich's meinem Kind" zurück ... und las das Kapitel „So fördern Sie die Zusammenarbeit mit ihrem Kind" noch einmal. All die Beispiele spielten sich zu Hause ab. Wie wäre es, wenn ich sie durch Beispiele aus der Schule ersetzte? Ich warf meine Anmerkungen zu einer der Übungen aufs Blatt und brachte sie am nächsten Tag mit in die Schule, um sie meinen Kollegen in der Pause zu zeigen. Während sie ihren Kaffee tranken, sagte ich: „Okay Leute. Lasst uns Schule spielen – noch einmal. Ich bin die Lehrerin; ihr seid meine Schüler. Während ihr mir zuhört, stellt euch selbst die Frage: Welche Gedanken und Gefühle hat diese Lehrerin bei mir ausgelöst? Dann gebt mir eure offene Rückmeldung."

„Auf keinen Fall", sagte Jan und streckte die Hand nach meinem Blatt aus. „Ich war letztes Mal schon die Laborratte. Wie wäre es, wenn *ich* diesmal der Lehrer bin und ihr auf mich reagiert?" Wir stimmten zu. Hier folgen die Aussagen, die Jan vorlas und die Reaktionen der „Schüler" – Maria, Jessie und ich:

Lehrer: **(vorwurfsvoll und beschuldigend)** Du hast schon wieder deinen Bleistift vergessen? Womit, dachtest du, würdest du schreiben? Jetzt müssen wir den Unterricht unterbrechen, und die Zeit aller wird verschwendet, während wir einen Bleistift für dich suchen.

Reaktionen der Schüler: „Ich fühle mich gedemütigt."

„Nie mache ich etwas richtig."

„Der Lehrer ist gemein."

Lehrer: **(beleidigend)** Du musst ganz schön dumm sein, um einen Aufsatz abzugeben, ohne darauf zu kommen, deinen Namen darauf zu schreiben.

Reaktionen der Schüler: „Ich hasse Sie!"

„Ich mache alles falsch."

„Ich schätze, ich bin dumm."

Lehrer: **(drohend)** Wenn ich noch ein Papierkügelchen fliegen sehe, schmeiße ich dich so schnell aus dem Klassenzimmer, dass sich dein Kopf dreht. Und wenn du mit diesem Verhalten weitermachst, wirst du von der Schule geschmissen!

Reaktionen der Schüler: „Das glaube ich Ihnen nicht."

„Das ist mir egal!"

„Ich habe Angst."

Lehrer: **(kommandierend)** Hört auf zu reden. Legt eure Heft weg. Stellt euch in eine Reihe.
Jetzt. Los!

Reaktionen der Schüler: „Ich bin nicht Ihr Sklave."

„Ich mache es, aber langsam."

„Wie kommt man aus diesem Gefängnis raus?"

Lehrer: **(belehrend und moralisierend)** Es war nicht nett, Yannicks Stift zu zerbrechen. Wie würde es dir gefallen, wenn jemand *deinen* Stift zerbrechen würde? Wenn dir jemand etwas leiht, musst du gut darauf achtgeben, so, wie du auch es erwarten würdest, dass der andere auf deine Dinge gut achtgibt. Denkst du jetzt nicht, dass du Yannick eine Entschuldigung schuldest? Ich schon.

Reaktionen der Schüler: „Ich muss wohl ein schlechter Mensch sein."

„Bla, bla, bla."

„Ich habe aufgehört zuzuhören."

Lehrer: **(warnend)** Pass auf diese Reagenzgläser auf! Sie werden zerbrechen und du wirst dich schneiden ... Vorsicht mit dem Bunsenbrenner! Willst du, dass ein Unfall passiert?

Reaktionen der Schüler: „Ich habe Angst."

„Am besten versuche ich gar nicht erst irgendetwas zu tun."

„Sie haben unrecht. Es wird überhaupt nichts passieren."

Lehrer: **(spielt den Märtyrer)** Wegen euch Kindern gehe ich jeden Abend mit Kopfschmerzen nach Hause. Seht ihr diese grauen Haare? Für jeden von euch gibt es ein graues Haar.

Reaktionen der Schüler: „Ich werde Ihnen ein Flasche Haarfärbemittel kaufen."

„Ich wünschte, ich müsste nicht hier sitzen. Dieses Gejammer muss ich mir nicht anhören."

„Es ist meine Schuld."

Lehrer: **(vergleichend)** Wieso hast du deinen Aufsatz noch nicht abgegeben? Letztes Jahr war deine Schwester Sofie bei mir in der Klasse, sie hat ihre Arbeiten immer pünktlich abgegeben.

Reaktionen der Schüler: „Ich werde nie so gut wie Sofie sein."

„Ich hasse meine Schwester!"

„Ich hasse meinen Lehrer."

Lehrer: **(sarkastisch)** Niemand erinnert sich an das Jahr, in dem Kolumbus Amerika entdeckt hat? Fantastisch. Diese Schule scheint Minderbemittelte magnetisch anzuziehen. Die einzige Möglichkeit, den IQ der Klasse zu heben, ist, wenn ihr alle auf eure Stühle steigt.

Reaktionen der Schüler: „Ich bin dumm. Ich kann mir nichts merken."

„Diese Schule scheint Minderbemittelte wirklich magnetisch anzuziehen. Schaut euch nur die Lehrerin an."

„Zum Teufel mit der ...!"

Lehrer: **(prophezeiend)** Mit deiner Arbeitshaltung wirst du nie einen Job bekommen. Und wenn du keine besseren Noten bekommst, wird dich auch keine Universität nehmen.

Reaktionen der Schüler: „Es hat keinen Zweck."
„Ich bin schlecht."
„Wieso sollte ich es versuchen? ... Ich gebe auf."

Als die Übung vorbei war, starrten wir uns an. Jessie formulierte, was wir uns dachten: „Wenn *wir* schon solche Wut und Verzweiflung fühlen, wenn wir nur so tun, als seien wir Schüler, wie müssen sich dann *echte* Schüler fühlen?"

„Besonders, wenn sie auch zu Hause diese Art zu reden hören", ergänzte Maria. „Meine Schwester sagt ihren Kindern immer: ‚Wenn eure Noten nicht besser werden, nehme ich euch den Fernseher weg.' ‚Du solltest lernen wie dein Bruder. Vielleicht würdest du dann auch Einsen bekommen.' ‚Du machst deine Aufgaben nicht, weil du faul bist.' Sie ist immer hinter ihren Kindern her und der Vater belehrt die Kinder ständig."

„Die Spezialität meines Vaters war Sarkasmus", sagte Jessie. „Ich vermute, er dachte, er sei witzig oder clever. Er sagte etwa: ‚Du hast das Buch aus der Bibliothek verloren? Das war aber sehr verantwortungsvoll von dir.' Als ich jung war, hat mich das verwirrt. Ich dachte: ‚Wie kann es verantwortungsvoll sein, etwas zu verlieren? Als ich älter wurde, hat mich sein Sarkasmus wirklich verletzt, und ich wollte ihm auch etwas Sarkastisches entgegnen. Manchmal tat ich es. Leider wurde ich darin sehr gut. Als ich anfing zu unterrichten, kamen die Worte einfach so aus meinem Mund, vor allem wenn ich frustriert war. Ich erinnere mich, wie ich zu einem trödelnden Kind gesagt habe, was mein Vater mir tausende Male gesagt hatte: ‚Bist du von Natur aus langsam – oder hilft dir jemand dabei?' Die ganze Klasse grölte."

„Und dieses Gelächter", sagte Jan, „ist Musik in den Ohren eines Lehrers. Es spornt uns zu noch extremerem Sarkasmus an."

„Ich weiß", sagte Jessie feierlich, „aber außer dem Gelächter, gibt es da ein Kind, das öffentlich fertiggemacht wird. Ich mache das nicht mehr."

„Wie hast du es geschafft, dich davon abzuhalten?“, fragte Maria.

Jessie zog ein Gesicht. „Es ist etwas unangenehm, das zu erzählen. In meinem zweiten Jahr als Lehrerin hatte ich ein besonders störendes Mädchen in der Klasse. Mitten in der Stunde fiel Theresa nichts Besseres ein, als einen Spiegel hervorzuholen und an ihren Haaren herumzumachen.

Einmal befragte ich die Kinder über einen Text über das antike Ägypten. Keine einzige Hand wurde gehoben. Dann bemerkte ich, wie Theresa ihre Nägel feilte. Da reichte es mir! Ich sagte: ‚Nun, ich werde Theresa nicht um eine Antwort bitten. Sie beteiligt sich so intensiv an den Diskussionen in der Klasse, dass wir auch jemand anderem einmal eine Chance geben müssen.‘ Ein paar Kinder kicherten, aber zu meinem größten Erstaunen sah Theresa von ihren Nägeln auf und strahlte mich an. Se dachte, ich meinte es ernst! Mein ‚Kompliment‘ hatte sie begeistert.

Es war mir so peinlich, dass ich mir sagte: ‚Nie wieder! Wenn ich einem Kind zeigen will, dass ich unzufrieden mit ihm bin, muss ich es auf eine direkte Weise tun. Wenn ich witzig sein will, muss ich sicherstellen, dass es nicht auf Kosten eines Kindes geschieht.‘“

„Okay“, sagte Jan, „also viele Dinge, die wir normalerweise zu Kindern sagen, führen dazu, dass sie sich schlecht fühlen oder eine schlechte Meinung von uns bekommen. Aber es bleibt immer noch die Tatsache, dass es unsere Aufgabe ist, sie dazu zu bringen, dass sie sich benehmen.“

„Das stimmt“, fügte Maria hinzu. „Was sollten Lehrer stattdessen tun – außer zu versuchen, nett zu sein und Dinge zu sagen, wie: ‚Bitte tu dies‘, oder: ‚Bitte unterlasse das‘“?

„Aha“, sagte ich, zog meine Ausgabe von „So sag ich‘s meinem Kind“ hervor und wedelte damit in der Luft. „Die Antwort findet sich hierin.“ Ich schlug das Kapitel „So fördern Sie die Zusammenarbeit mit Ihrem Kind“ auf und zeigte die Comics Jan und Maria.

Jan studierte die Zeichnung. „Das sind alles Beispiele von zu Hause“, sagte er.

„Ja“, sagte Maria, „aber Kinder sind Kinder, egal wo sie sind, zu Hause oder in der Schule. Ich glaube nicht, dass es einen großen Unterschied gibt.“

„Ich denke, es gibt einen großen Unterschied zwischen ein oder zwei Eltern, die mit ein oder zwei Kindern umgehen müssen“, sagte Jan, „und einem Lehrer, der versucht 30 Kinder gleichzeitig unter Kontrolle zu bringen.“

„Das stimmt. In diesem Sinne ist die Arbeit des Lehrers schwieriger“, stimmte Jessie zu. „Auf andere Weise ist die Aufgabe der Eltern schwieriger. Sie haben eine Verpflichtung für ihr ganzes Leben. Sie können ihre eigenen Kinder nicht um 3 Uhr entlassen. Oder hoffen, dass sie im Herbst neue bekommen. Nichtsdestotrotz, egal ob man sich im Wohnzimmer oder im Klassenzimmer befindet, können dieselben Fertigkeiten sehr nützlich sein – und sehr effektiv.“

Während der restlichen Pause arbeiteten wir alle zusammen daran, die Prinzipien zur Förderung der Zusammenarbeit mit den Kindern auf die Schulsituation zu übertragen. Hier sind die Beispiele, die uns eingefallen sind, in Comicform:

Beschreiben Sie das Problem

Wenn Lehrer das Problem beschreiben, statt zu beschuldigen oder zu befehlen, sind Schüler eher bereit, sich verantwortungsbewusst zu verhalten.

Informieren Sie

Statt zu beschuldigen,

informieren Sie!

Statt zu beschuldigen,

informieren Sie!

Statt niederzumachen,

informieren Sie!

Wenn Lehrer informieren, ohne zu beleidigen, ist es wahrscheinlicher, dass Schüler ihr Verhalten ändern.

Bieten Sie Wahlmöglichkeiten an

Drohungen und Befehle können dazu führen, dass Schüler sich hilflos oder trotzig fühlen. Eine Wahl anzubieten öffnet die Tür zu neuen Möglichkeiten.

Sagen Sie es in einem Wort oder mit einer Geste

Statt zu warnen,

sagen Sie es in einem Wort!

Toni, deine Jacke.

Statt zu belehren,

sagen Sie es mit einer Geste!

Statt zu beschuldigen,

sagen Sie es in einem Wort!

Schüler hören nicht gerne Belehrungen oder lange Erklärungen. Ein einzelnes Wort oder eine Geste ermutigt sie, über die Probleme nachzudenken und herauszufinden, was getan werden muss.

Beschreiben Sie, wie Sie sich fühlen
(Äußern Sie sich dabei nicht zum Verhalten des Schülers)

Wenn Lehrer ihre Gefühle ohne Hohn und Anschuldigung beschreiben, können die Schüler verantwortungsvoll zuhören und antworten.

Schreiben Sie es auf

Schüler blenden es oft aus, wenn Erwachsene sprechen, aber eine geschriebene Nachricht erreicht sie. Die folgende Nachricht wurde an einen schmutzigen Kaninchenstall geheftet.

Diese Nachricht wurde von einem Lehrer, der die ständigen mündlichen Erinnerungen leid war, an eine „Anmeldungskiste" geheftet.

Ein Lehrer schickte seine Nachricht an eine Schülerin, die zu spät mit der Abgabe ihres Aufsatzes dran war.

Wir waren zufrieden mit uns. Die Beispiele, die wir zusammen ausgearbeitet hatten, sahen so aus, als könnte man sie gut umsetzen – jedenfalls auf dem Papier. „Das Kunststück besteht nun darin", sagte ich, „all diese großartigen Ideen in der Praxis anzuwenden."

„Vielleicht überrascht es euch zu erfahren", sagte Jan, „dass ich an meinen guten Tagen tatsächlich einiges von diesen Sachen ganz selbstverständlich mit den Kindern mache. Ich sage ihnen immer: ‚Deine Füße ...', ‚Die Tür ...', ‚Dein Referat ...' Nur wusste ich bis heute nicht, dass ich besondere Fertigkeiten beherrsche. Und ich tue noch etwas, das nicht auf der Liste steht."

„Wir haben etwas vergessen?", fragte ich.

„Ja ... Spaß. Spiele. Ein bisschen Humor. Alles, was ein bisschen Leben in die Bude bringt. Ich mache das genau so für mich selbst wie für die Kinder."

„Ein kleiner Witz ist gut", bemerkte Maria. „Marco liebt den Biologieunterricht, weil seine Lehrerin immer Witze macht. Und es stimmt. Am Elternabend hat die Lehrerin den Eltern gesagt, dass es der Schule so an Geldern mangele, dass die Schüler die Frösche wieder zusammennähen müssten, damit die Kinder der nächsten Klasse sie sezieren könnten."

Jan lachte herzlich. „Das meinte ich", sagte er. „Humor versetzt alle gleich in eine gute Stimmung und die Kinder arbeiten dadurch bereitwilliger mit."

Ich war neugierig. „Was genau machst du Jan? Gib mir ein Beispiel."

„Okay", sagte er. „Feueralarm. Wie ihr wisst, nehmen die Kinder ihn nie ernst und es ist schwierig, sie dazu zu bewegen, den Raum zu verlassen. Aber wenn ich meine Marinenummer spiele, sind wir die erste Klasse auf der Straße."

„*Was* für eine Nummer?", fragten wir.

Jan rollte ein Blatt Papier in die Form eines Megaphons und hielt es an den Mund. „Hört, hört!", stimmte er an. „Dies ist eine Übung. Dies ist eine Feueralarmübung! Jeder auf seine

Position. Jeder hat seine Aufgabe. Alle Hände auf den Tisch. Im Laufschritt!"

„Es ist erstaunlich, wie gut Kinder auf alles ansprechen, was ein bisschen spielerisch ist", sagte Jessie. „Ich erinnere mich, wie ich die erste Klasse unterrichtet habe. Es war immer ein Kampf, alle dazu zu bringen, sich in einer Reihe aufzustellen, wenn wir irgendwohin gehen wollten. Dann sagte ich eines Tages: ‚Kinder lasst uns einen Zug bilden, um in die Pause zu gehen. Tarek, du kommst nach vorne, du bist der Motor. Monika du gehst ans Ende und bist der Begleitwagen. Und alle anderen sind die Güterwagen dazwischen. Jetzt koppelt euch alle an den Schultern an und es geht los!' Sie brauchten keine Minute, um eine perfekte Reihe zu bilden, und fröhlich tuckerten sie durch die Tür."

„Aber das würdet ihr nur mit kleinen Kindern machen, nicht wahr?", fragte Maria.

„Das dachte ich auch!", rief Jessie. „Als ich im nächsten Jahr eine vierte Klasse bekam, glaubte ich, dass sie zu alt für so etwas sein würden. Dann beschwerte sich eines Tages der Lehrer aus dem Nachbarzimmer bei mir darüber, dass meine Kinder auf dem Weg in den Pausenraum zu laut wären. Statt sie zu schimpfen, sagte ich ihnen – sehr ernsthaft –, dass sie ihre Zauberschlüssel aus der Tasche nehmen, ihre Münder verschließen und mir ihre ‚Schlüssel' geben sollten, bevor sie aus dem Zimmer gingen."

„Und das haben sie gemacht?", fragte Maria.

„Alle kamen zu mir und gaben mir ihre ‚Schlüssel' in die Hand. Dann gingen sie alle grinsend, aber mit fest geschlossenen Mündern zum Pausenraum. Dann gab ich einem nach dem anderen seinen ‚Schlüssel' zurück, damit sie wieder sprechen und essen konnten."

„Wissen deine echten Kinder, wie froh sie sein können, dich als Mutter zu haben?", sagte ich zu Jessie. „Es muss so viel Spaß machen, mit dir zusammenzuleben."

Jessie lächelte schwach. „Meine Kinder würden dir nicht zustimmen“, sagte sie, während sie ihre Sachen zusammensuchte, um in die Klasse zurückzukehren. „Wenn ich von der Schule nach Hause komme, habe ich nicht mehr viel Energie. Ich will nur noch Ruhe und Frieden.“

„Und das wirst du bekommen“, sagte Jan, während er mit Jessie hinausging, „wenn deine Kinder erwachsen sind und ausziehen.“

Dieses Gespräch fand am Freitag statt. Am Montag stellte Jessie ihr Tablett auf den Mittagstisch und strahlte uns alle an.

„Was ist los?“, fragte Jan.

„Ich bin sehr stolz auf mich“, verkündete Jessie. „Erinnert ihr euch daran, worüber wir am Freitag gesprochen haben? Nun, als ich an diesem Nachmittag nach Hause kam, aßen meine Kinder in der Küche gerade einen Imbis und es gab Bücher, Turnschuhe und Bananenschalen überall auf dem Tisch und Brösel auf dem ganzen Boden. Habe ich gedroht? Habe ich jemanden beleidigt? Habe ich sie belehrt? Das habe ich nicht.“ Jessie machte eine dramatische Pause und deutete auf Jan. „Stattdessen habe ich deine Idee angewandt“, sagte sie. „Ich habe so gesprochen, als würde ich eine andere Rolle spielen.“ Jan sah verwirrt aus. „Eine andere Rolle?“

„Eigentlich“, sagte Jessie, „habe ich mehrere verschiedene Rollen ausprobiert. Die Kinder waren begeistert. Und meinem Mann machte es so viel Spaß, dass er sich ein paar eigene Rollen ausgedacht hat.“

„Gib uns ein Beispiel“, sagte Jan.

„Hier? Jetzt? Das wäre mir zu peinlich.“

Wir mussten sie nicht allzu sehr drängen. Bald unterhielt uns Jessie mit ihren Personifikationen. Im Folgenden sehen Sie die Figuren, die sich Jessie und ihr Mann, zu ihrem eigenen Vergnügen und dem ihrer Kinder, ausgedacht haben:

Statt zu schimpfen

Versuche eine andere Stimme oder einen anderen Akzent zu benutzen

Feine Dame

Oh, ich gerate ganz in Schwindel ob der Unordnung in dieser Küche. Ich werde in Ohnmacht fallen, kommt mir nicht sofort jemand zu Hilfe!

Gangster

Opernsänger

Englischer Edelmann

Roboter

Französisches Zimmermädchen

Mon dieu! Schuh' auf die Tisch, wo wir essen! No, no, no, no, no. Die Schuh' ge'örn in den Schrank.

Maria konnte nicht aufhören zu lächeln. „Was ihr gemacht habt, war wirklich lustig", sagte sie. „Und ich weiß, wenn ich das mit meinen Kindern machen würde, würden sie vielleicht auch aufräumen. Aber ich würde mir dabei blöd vorkommen. So bin ich einfach nicht. Ich bin eher ernst. Vielleicht zu ernst."

„Ich weiß nicht", sagte Jessie, „ich denke wir alle haben einen albernen Anteil in uns, der irgendwo weggeschlossen ist. Wir müssen ihn nur finden und ihn rauslassen. Schau dir an, was du neulich morgens mit Alina gemacht hast."

Maria sah verwirrt aus.

„Als ihr diesen schlimmen Streit hattet, bevor sie zur Schule ging."

Maria wurde rot. „Ach, das war doch nichts."

„Glaub mir", sagte Jessie, „das war schon etwas. Erzähl den anderen, was passiert ist. Bitte."

Maria zögerte einen Moment. „Nun, Alina und ich hatten diesen schlimmen Streit, kurz bevor der Bus kam. Ich konnte sehen, wie sehr es sie ärgerte, gehen zu müssen, ehe wir uns wieder vertragen hatten. Ich wusste, dass sie mich küssen wollte, aber dass sie es zugleich nicht wollte. Also fragte ich sie, ob ich einen Kuss kriegen würde. Sie sagte: ‚Nein!' Ich fragte, ob ich einen Kuss kriegen würde, wenn sie von der Schule nach Hause käme. Sie sagte: ‚Nein!' Also fragte ich sie, ob ich einen Kuss kriegen würde, wenn sie heiratete! Sie lachte und sagte: ‚Ach, Mama', und umarmte mich und küsste mich, und wir beide fühlten uns besser."

Nach der Mittagspause fühlte ich mich seltsam beschwingt, als ich die Stufen zu meinem Klassenzimmer hinaufging. Marias Geschichte hatte mich berührt (man stelle sich vor, in so einer angespannten Situation so albern zu sein!) und ich war entzückt von den verrückten Figuren, die Jessie und ihr Mann erfunden hatten. Es klang nach so viel Spaß, etwas anderes auszuprobieren, etwas Unerwawrtetes zu tun. Ich dachte an die ausgelassenen Kinder in meiner Klasse, die die Antworten immer wieder hineinriefen, ohne vorher die Hand zu heben. Ich hatte viele meiner neuen Fertigkeiten bei ihnen ausprobiert, aber noch nie Humor. Ich hatte das Problem beschrieben: *„Ich höre Antworten, aber ich sehe keine Hände."* Das funktionierte bei manchen Kindern. Ich sagte ihnen, wie ich mich fühlte. *„Es frustriert mich, wenn alle gleichzeitig hineinrufen und ich am Ende überhaupt nichts verstehe."* Ein paar weitere Kinder antworteten anständig. Den Verweigerern bot ich Alternativen an: *„Ihr könnt eure linke Hand heben oder eure rechte Hand."* Manche entschieden sich für rechts, manche für links, einer hob beide Hände. Wenn jemand durchrutschte, erinnerte ich sie oder ihn mit einem Wort: *„Hände!"*

Ich gratulierte mir selbst dazu, die Situation weitgehend unter Kontrolle zu haben, aber Ali entwich mir weiterhin. Die Worte schlüpften aus seinem Mund, ehe er daran denken konnte, seine Hand zu heben. Nichts, was ich sagte, schien irgendeinen Eindruck auf seinen wilden Charakter zu machen. Plötzlich hatte ich eine Eingebung. Ich blieb im Treppenhaus stehen, nahm meinen Block und schrieb:

Lieber Ali:

Wenn du zeigen willst,
du hast Verstand,
ruf nicht rein,
heb deine Hand.

Danke im Voraus,

Frau Langer

Während des Geschichtsunterrichts fragte ich die Kinder nach den Ursachen des amerikanischen Unabhängigkeitskrieges. Im ganzen Raum gingen Hände nach oben und winkten, und eine Stimme erklang: „Besteuerung ohne Vertretung!" Natürlich war es Ali. Ich ging zu seinem Tisch, lächelte ihn freundlich an und gab ihm meine zusammengefaltete Nachricht. Er öffnete sie, erwiderte mein Lächeln und hob während der restlichen Stunde seine Hand!

Am nächsten Morgen sagte er mir, er habe eine Nachricht für mich. Ich las sie und bat ihn, sie auf die Tafel zu schreiben, zur Erinnerung für die ganze Klasse. In großen Buchstaben schrieb Ali:

Rosen sind rot.

Nelken sind schön.

Wenn du deine Hand hebst,

wird es geseh'n.

Ich musste danach nie wieder ein Wort darüber verlieren, dass man nicht hineinruft. Ich deutete einfach auf Alis Gedicht.

Zur Erinnerung

Die Mitarbeit der Kinder fördern

Erwachsener: Wer ist für das Chaos am Boden verantwortlich?

Statt zu fragen und zu kritisieren, können wir ...

1. das Problem beschreiben.
   „Ich sehe überall auf dem Boden weiße Farbe."
2. informieren.
   „Es ist einfacher, Farbe zu entfernen, bevor sie trocknet."
3. Wahlmöglichkeiten anbieten.
   „Du kannst es mit einem feuchten Lappen oder mit einem nassen Schwamm aufwischen."
4. es in einem Wort oder durch eine Geste ausdrücken.
   „Die Farbe!"
5. unsere Gefühle beschreiben.
   „Es gefällt mir nicht zu sehen, dass der Boden mit Farbe vollgekleckert ist."
6. es aufschreiben.

   Achtung an alle Künstler:

   Bitte hinterlassen Sie den Boden freundlicherweise im ursprünglichen Zustand.

   Vielen Dank,
die Geschäftsführung
7. albern sein (verwenden Sie eine andere Stimme oder einen Akzent).
   Singen Sie im Country-Western-Stil:

   Ich seh' Farbspur'n auf'm Belag,
Das ist kein Anblick, den ich mag,
Hol dein' Mopp raus und die Lappen,
Und hilf, die Farbe fortzuschaffen.

Fragen und Geschichten von Eltern und Lehrern

Fragen von Eltern

1. Ist es nicht ebenso wichtig, wie man etwas sagt, wie was man sagt?

Ihr Tonfall ist sicher ebenso wichtig wie Ihre Worte. Die geschickteste Antwort kann giftig sein, wenn sie mit einem verächtlichen Seufzen vorgetragen wird, das ausdrückt: „Du hast es schon wieder getan ... Du wirst es nie lernen." Unsere respektvollen Worte müssen mit einer *respektvollen Haltung* vorgetragen werden – mit einer Haltung, die signalisiert: „Ich habe Vertrauen in deine Fähigkeiten und dein Urteilsvermögen. Sobald ich dich auf das Problem hinweise, wirst du wissen, was zu tun ist."

2. Neulich kam meine Tochter weinend zu mir, weil einer ihrer Brüder ein paar Seiten aus ihrem Block gerissen hatte. Ich fragte die beiden Jungen, wer es gewesen war, aber beide leugneten es. Wie kann ich sie dazu bringen, die Wahrheit zu sagen?

Die Frage „Wer war es?" löst in Kindern sofort einen Alarm aus. Sie stehen nun vor der Unterscheidung zwischen zwei unangenehmen Alternativen. Wenn sie lügen und damit davonkommen, fühlen sie sich kurzfristig erleichtert, aber langfristig schuldig. Wenn sie die Wahrheit sagen, erwartet sie eine Schelte oder vielleicht eine Bestrafung. Schlimmer noch, ihr Geständnis könnte zu einer noch bedrohlicheren Frage führen: „*Wieso* hast du das getan?"

Egal, wie ein Kind seine Taten zu rechtfertigen versucht, es hat stets das Gefühl, dass die wahre Antwort darauf, warum es sein „Verbrechen" begangen hat, eine Litanei von Selbstbeschuldigungen sein müsse: „Weil ich dumm, gemein, selbstsüchtig, leichtfertig und gedankenlos bin."

Statt Kinder zu fragen, *wer* etwas getan hat oder *wieso*, beschreiben Sie das Problem: „Susi ist sehr ärgerlich. Einige Seiten wurden aus ihrem Block gerissen." Informieren Sie: „Wenn jemand in dieser Familie kein Papier mehr hat, kann er oder sie mich fragen, und ich werde dabei helfen, welches zu finden."

3. Immer wenn ich etwas von meiner Tochter möchte, versuche ich sie höflich zu fragen. Ich sage: „Bitte beeile dich oder du kommst zu spät zur Schule." Oder: „Bitte schalte jetzt den Fernseher aus und beginne mit deinen Hausaufgaben." Aber sie ignoriert mich. Welchen Rat würden Sie mir geben?

Erwachsene verwenden oft „Bitte", um die Wirkung einer direkten Anweisung abzuschwächen. Kinder überhören das „Bitte" oft und rebellieren gegen die Anweisung. Das regt im Gegenzug die meisten Eltern auf. Was es noch schlimmer macht, ist, dass manche Kinder die „Bitte-Formel" bei ihren eigenen Forderungen anwenden: „Mama, du musst mich jetzt zum Laden fahren, *bitte*. Ich sagte biitteee, oder etwa nicht?" Da es so viele andere Möglichkeiten gibt, die Mitarbeitarbeit zu fördern (siehe Kapitel 2), empfehlen wir, dass Sie das „Bitte" für Situationen aufsparen, die nicht emotional aufgeladen sind und lediglich förmliche Höflichkeit zeigen sollen, zum Beispiel: „Bitte gib mir das Brot herüber."

4. Ab welchem Alter empfehlen Sie, Nachrichten an die Kinder zu schreiben?

Erstaunlicherweise können schriftliche Nachrichten sehr effektiv im Umgang mit Kindern sein, die zu jung sind, um zu lesen. Eine Mutter erzählte uns, dass ihre Tochter ewig dazu brauchte, sich am Morgen für die Vorschule fertig zu machen. An einem Nachmittag setzte sich die Mutter mit ihr zusammen und schrieb alle Dinge auf, die getan werden mussten, bevor die Tochter das Haus verlies. Neben die Worte, die jede Aufgabe beschrieben (Zähne putzen, Haare kämmen, frühstücken etc.) zeichnete sie ein einfaches Bild. Von nun an konsultierte das kleine Mädchen jeden Morgen seine Liste, als Hilfestellung dafür, sich für die Vorschule fertig zu machen. Dann eines Tages verdeckte sie die Bilder stolz mit einer Hand und „las“ ihrem Vater die ganze Liste vor.

5. Als mein Sohn immer weiter darüber lamentierte, dass er kein „blödes Referat halten“ würde, selbst wenn sein Lehrer ihn durchfallen ließe, sagte ich ihm, dass er müsse und dass er zwei Optionen habe: Er könnte es vor dem Spiegel oder vor mir üben. Er weigerte sich, eines von beidem zu tun. Irgendwelche Ratschläge?

Wenn ein Kind starke negative Gefühle gegenüber einer Tätigkeit hat, kann es das Angebot von Wahlmöglichkeiten als Manipulation oder Falle wahrnehmen. Bevor es überhaupt beginnen kann, die Optionen abzuwägen, muss es wissen, dass sie seinen Widerstand verstehen. Zum Beispiel: „Die Vorstellung, vor einem Publikum zu stehen und frei zu sprechen, kann furchteinflößend sein. Sogar Profis werden nervös! Was glaubst du, könnte dir dabei helfen, dich entspannter oder selbstbewusster zu fühlen? Dein Referat vor dem Spiegel üben? ... Es vor der Familie testen?“

Die Wahlmöglichkeiten, die Sie geben, könnten sogar dazu führen, dass Ihrem Sohn eine dritte Möglichkeit einfällt: „Vielleicht nehme ich es auf und spiele es so oft ab, bis ich es kann.“

Indem Sie auf seiner Seite stehen und ihm die Schwierigkeit der Aufgabe bestätigen, geben Sie ihm die Möglichkeit, Ihre Vorschläge zu hören und abzuwägen.

Geschichten von Eltern

Das erste Beispiel zeigt einen Vater, der seine neuen Fertigkeiten nutzte, um seinem jugendlichen Sohn dabei zu helfen, hilfsbereiter mit dem Austauschschüler umzugehen, der das Jahr mit ihnen verbrachte.

Mein Sohn Noah machte seine Hausaufgaben und hörte dabei Rockmusik. Ich konnte sehen, dass Andé, unser Austauschstudent aus Frankreich, Schwierigkeiten hatte, sich auf seine Hausaufgaben zu konzentrieren, aber zu höflich war, um etwas zu sagen. Er schaute nur ständig in Richtung Radio. Ich war furchtbar wütend darüber, wie unsensibel mein Sohn war. Ich wollte ihn fragen, wie er sich vorstellte, dass André bei all dem Krach arbeiten könne, doch dann dachte ich, dass es wohl besser wäre, wenn ich ihn bloß informierte. Ich sagte: „Noah, manche Leute können ihre Hausaufgaben bei lauter Musik machen. Andere brauchen Ruhe, um klar denken zu können." Noah sah auf, drehte die Musik ein wenig leiser und fragte André: „Ist es so okay?"

Etwa eine halbe Stunde später hörte ich, wie die Lautstärke wieder anstieg. Ich steckte den Kopf in das Zimmer der Jungen und schrie: „Die Musik!" Noah sagte: „Oh, Entschuldigung", und machte sie aus. André sagte: „Mercī."

*

Die folgende Geschichte stammt von einer Mutter, die erzählte, dass sie den spielerischen Ansatz intensiv nutze, um die Mitarbeit ihrer dreijährigen Tochter Mindy zu fördern.

Mindy wollte gerade mit einem Buch aus der Bücherei ins Planschbecken steigen. Ich war zu weit weg, um sie aufzuhalten, also rief ich: „Oh, nein! Buch! Halt! Buch, du kannst nicht ins Planschbecken! Bücher können nicht schwimmen!" Mindy hielt inne, sah auf das Buch in ihrer Hand und brachte es schnell wieder ins Haus. Einen Moment später war sie wieder draußen und stieg ins Becken.

*

Die nächsten beiden Geschichten zeigen die Kraft des geschriebenen Wortes.

Emil, mein Zehnjähriger, bat mich, ihm meine beste Auflaufform für das internationale Food-Festival in der Schule zu leihen. Als das Fest vorbei war, versäumte er es, sie zurückzubringen. Eine Woche lang erinnerte ich ihn täglich daran, sie wieder mit nach Hause zu bringen, aber er tat es nicht. Schließlich nahm ich einen Filzstift und schrieb „Auflaufform!!" auf die Banane, die ich ihm in die Brotzeitdose packte. Später an diesem Nachmittag erzählte er mir, dass alle Kinder gelacht hatten, als er die Banane herausnahm. Aber er vergaß trotzdem wieder, das Teil mitzubringen!

Ich sagte: „Emil, da werden härtere Maßnahmen nötig. Du musst dir selbst die Art von Merkzettel schreiben, der dir dabei hilft, dass du die Sache in Ordnung bringst." Er setzte sich gleich hin und schrieb:

Lieber Emil,
erinnere dich daran, diese dumme,
stinkende, dreckige, blöde Auflaufform
mitzubringen – morgen – oder sonst ...!!!
Ich korrigierte seine Ausdrucksweise nicht. Er klebte den Zettel auf seine Schultasche und am nächsten Nachmittag hatte ich meine Auflaufform zurück.

*

Mein Hund saß am Fenster und bellte. Ich sah hinaus und sah, dass meine Kinder an der Bushaltestelle mit den Nachbarskindern kämpften – sie schrien und schlugen und traten einander. Ich trug immer noch den Morgenmantel, also schrieb ich schnell „Hört auf zu kämpfen!" auf ein großes Stück Papier und band es mit einem Stück Schnur an das Halsband des Hundes. Dann ließ ich ihn hinaus in der Hoffnung, er würde zu den Kindern laufen. Das tat er und bellte dabei wütend. Als die Kinder den Hund sahen und den Zettel lasen, erstarrten sie. Sie sahen sich um, völlig erstaunt. Und sie hörten auf zu kämpfen.

Fragen von Lehrern

1. Was passiert, wenn ich das Problem beschreibe und mein Schüler reagiert nicht? Neulich sagte ich zu einem Erstklässler: „Jim, dein Fuß ist im Gang." Er sah auf, sagte: „Oh", und tat sonst nichts. Ich wusste nicht, was ich anschließend tun sollte.

Sie können immer ihre ursprüngliche Aussage wiederholen. Wenn das kein Ergebnis erzielt, fahren sie damit fort zu informieren: „Jemand könnte darüber stolpern." Manche Kinder müssen Dinge mehrmals hören oder in unterschiedlichen Formulierungen.

2. Ich frage mich, ob die Idee des Informierens bei Jugendlichen funktioniert. Wir haben in meinem Kunstunterricht Collagen angefertigt und ich sagte zu einem Mädchen: „Leyla, Klebstoff trocknet ein, wenn die Tube nicht verschlossen ist." Sie verdrehte die Augen und sagte: „Ach, sagen Sie bloß!" Aus welchem Grund hat sie so reagiert?

Informationen müssen altersgemäß sein. Wenn Sie einer Jugendlichen etwas erzählen, dass sie schon weiß, fasst sie das als eine Beleidigung ihrer Intelligenz auf. Leyla braucht nur eine schnelle sanfte Erinnerung: „Leyla, der Klebstoff."

3. Was ist der Unterschied zwischen einer Ein-Wort-Aussage und einem Befehl? Wenn ich sage: „Sitzen", ist das nicht dasselbe wie ein Befehl?

Wenn Sie ein Verb für Ihre Aussage benutzen („Stopp!" ... „Stehen!" ... „Bewegen!" ... „Sitzen!"), wird es tatsächlich wie ein Befehl klingen. Eine Ein-Wort-Aussage funktioniert am besten, wenn es sich um ein Substantiv handelt.

„Lori, dein Stuhl", veranlasst Lori dazu zu denken: „Was ist mit meinem Stuhl? ... Oh, ich sollte darauf sitzen ... Ich setze mich besser." Sie sagen Lori nicht, was sie tun soll. Sie lenken ihre Aufmerksamkeit auf das Problem, sodass sie sich selbst sagen kann, was zu tun ist.

4. Ich dachte, Wahlmöglichkeiten würden „die Zusammenarbeit fördern". Ich habe zwei Mädchen in der Klasse, die nie aufhören zu reden. Ich habe ihnen gesagt: „Ihr habt die Wahl: Entweder ihr hört auf zu schwätzen oder ich ändere die Sitzordnung." Nun, sie hörten nicht auf zu schwätzen, und als ich sie schließlich auseinandersetzte, beschwerten sie sich bitterlich darüber, dass ich „unfair" sei. Was ist schiefgelaufen?

Ihre „Wahlmöglichkeiten" klangen zu sehr wie eine Drohung. Sobald wir sagen: „Entweder du machst das für mich oder ich tue jenes mit dir", fühlt sich das Kind in der Falle und angefeindet.

Bevor Sie unattraktive Wahlmöglichkeiten anbieten, ist es eine gute Idee, die Gefühle der Kinder zu bestätigen. Sie könnten etwas sagen wie: „Es ist schwierig, neben einer guten Freundin zu sitzen, ohne zu reden. Es gibt so viel, das ihr euch sagen wollt." Wenn Sie sie dann vor die Wahl stellen, bieten Sie Möglichkeiten an, die den Schülern den Eindruck vermitteln, dass Sie auf ihrer Seite stehen. „Also Mädchen, was wäre einfacher für euch? Nebeneinanderzusitzen und euch zusammenzureißen? ... Oder die Plätze zu wechseln, damit ihr nicht mehr in Versuchung kommt? Besprecht euch nach dem Unterricht und sagt mir morgen, wofür ihr euch entschieden habt."

5. Ich denke, es wäre in Ordnung für mich, meinen Schülern meine wahren Gefühle mitzuteilen, und vermutlich würden sie angemessen darauf antworten. Aber ich habe einige schwierige Kandidaten in meiner Klasse. Angenommen, ich sage: „Es ärgert mich, Bücher auf dem Fußboden zu sehen", und einer ruft hinein: „Das interessiert nicht!" Was mache ich dann?

Es hilft vielleicht, wenn Sie sich selbst sagen, dass die Worte Ihrer Schüler sich nicht gegen Sie persönlich richten. Es ist wahrscheinlich, dass er Sie entweder als Ziel für seine unangebrachte Feindseligkeit nutzt oder dass er im Klassenzimmer nur das wiederholt, was er zu Hause hört. Sie können Ihrem schwierigen Kandidaten sagen: „Mich interessiert es. Es interessiert mich, wie ich mich fühle. Es interessiert mich, wie du dich fühlst. Und ich erwarte von meiner Klasse, dass wir alle uns für die Gefühle der anderen interessieren."

Geschichten von Lehrern

Eine Lehrerin der dritten Klasse erzählte, wie hilfreich es für einen ihrer Schüler war, als sie ihn informierte, statt ihn zu schimpfen.

Max kam herein, bevor die Pause aus war und sah aufgewühlt aus. Ich sagte: „Max, du wirkst verärgert."

Er sagte: „Was heißt aquedat?"

Ich sagte: „Aquädukt?"

Er sagte: „Ja", und reichte mir einen Platzverweis der Pausenaufsicht. „Sie hat mich angeschrien", sagte er, „weil ich nicht aquedat war."

Ich entfaltete den Platzverweis und las laut: „Ich erwischte diesen Jungen dabei, wie er im Pausenhof auf den Boden spuckte. Ich entziehe ihm für heute die Erlaubnis, sich im Hof aufzuhalten, weil sein Verhalten nicht adäquat ist."

Max sagte: „Sehen Sie, sie schreibt, ich bin nicht aquedat. Was ist das?"

„Was Sie dich wissen lassen wollte", erklärte ich, „ist, dass dein Verhalten nicht adäquat war. Das heißt, dass es nicht in Ordnung ist, auf den Boden zu spucken."

Max sah verwirrt aus.

Ich sagte: „Max, durch Spucken verbreiten sich Bakterien."

Er sagte: „Oh."

Und das war's. Er hat es nie wieder getan.

*

Der Direktor einer Privatschule erzählte, was geschah, als er die Gefühle eines aufsässigen Schülers bekräftigte und ihm Wahlmöglichkeiten anbot.

Als Direktor erwartet man oft von mir, dass ich „den harten Mann“ spiele. Gestern schickte ein Lehrer eine Nachricht in mein Büro, in der er darum bat, ich möge herauskommen und „etwas“ wegen Tommy „tun“, der sich weigerte, aus der Pause zu kommen. Ich fragte mich, was ich tun könnte, außer ihn eigenhändig hineinzutragen. Als ich herauskam, sah ich, wie Tommy vor einem rotgesichtigen Lehrer in Deckung kauerte, der schrie: „Ich habe dir ja gesagt, ich hole den Direktor!“

Ich atmete tief durch und sagte: „Hallo, Tommy. Mir scheint, es fällt dir schwer, den Pausenhof zu verlassen. Kein Wunder. Es ist so ein schöner Frühlingstag.“ Tommy sagte nichts und starrte weiter auf den Boden.

Ich sagte: „Vielleicht wünschst du dir, du könntest den ganzen Vormittag draußen bleiben ... Nun, mein Junge, jetzt ist es Zeit, in das Klassenzimmer zurückzukehren. Was sagst du dazu? Sollen wir durch diese Tür hineingehen oder durch jene dort?“

Tommy zeigte auf die Tür, die am weitesten entfernt lag und sagte: „Die da.“

Ich streckte die Hand aus. Er ergriff sie und wir gingen zusammen zurück ins Gebäude. Ich weiß nicht, wer überraschter war – ich oder der Lehrer.

*

Eine Lehrerin der Mittelstufe berichtete, wie sie einen Weg fand, den Spieltrieb der Kinder anzustupsen, um ein ansonsten vielleicht langweiliges Thema zu unterrichten.

Meine Klasse langweilte sich im Grammatikunterricht bei meinen Stunden über Kopulaverben und ich mich selbst ehrlich gesagt auch. Als ich nach Hause ging, wusste ich, dass ich mir eine Methode ausdenken musste, Leben in die Sache zu bringen, wenn ich nicht einen weiteren Tag damit verbringen wollte, die Kinder ständig aufzufordern, das Schwätzen einzustellen und zuzuhören. Ich spielte mit dem Gedanken, einen Rap-Song zu erfinden, aber mir fielen nicht mehr als die ersten zwei Zeilen dazu ein.

Am nächsten Morgen erzählte ich den Kindern von meiner Idee und zitierte meinen Eröffnungsvers. Alle wurden ganz aufgeregt. Wir verbrachten die restliche Stunde damit, uns den Text auszudenken, und als die Glocke läutete, hatten wir den ganzen Song fertig. Die Schüler sangen ihn auf dem Weg nach draußen, sie brachten ihn ihren Freunden bei, sie sangen ihn im Bus, als sie am nächsten Tag in die Schule fuhren, und sie alle bekamen gute Noten in ihrer nächsten Klassenarbeit. Hier ist der „Kopula-Rap" den die Schüler geschrieben haben:

Yo! Ich habe da was,
das du lernen kannst.
Es ist der Kopula-Rap
und er ist ganz leicht!
Ein Kopulaverb braucht ein
Prädikativkomplement.
Ein schwieriges Wort
doch das ist, wie man es nennt.
Ein Adjektiv kann
im Prädikat erscheinen.
Wenn du weißt, was du machst,
dann bist du schlau!
Drum schau genau,
dann wirst du seh'n,
die meisten Verben
sind Formen von „sein".
Bin, ist, sind, war, gewesen –
das sind Vergangenheit und
Gegenwart des Verbs.
Wenn du „werden" lernst
und „bleiben",
dann wirst du wissen,
dass du es kannst!

*

Diese letzte Geschichte stammt von der Klassenlehrerin einer sechsten Klasse, die uns erzählte, wie sie das geschriebene Wort verwendete, um zu unterbinden, dass ein Kind von seinen Mitschülern gemobbt wurde.

Als Sara in meine Klasse versetzt wurde, wusste ich sofort, dass es ein Problem geben würde. In dem Moment als sie zur Tür hereinkam, mit ihrem traurigen Mondgesicht und dem übergewichtigen Körper, grinste Marie, das Oberhaupt der „coolen" Mädchen, und verdrehte die Augen in Richtung ihrer Anhängerinnen. Sie alle kicherten und Saras Gesicht lief feuerrot an.

Das war nur der Anfang. Später in der Woche berichtete mir die Sportlehrerin, dass Marie Sara nicht in ihrem Team haben wollte, weil sie „zu fett" sei. Ich hörte von der Pausenaufsicht, dass Marie rief: „Hier kommt der wandelnde Mülleimer!", als Sara vorbeiging. Die Hauswirtschaftslehrerin erzählte mir, dass jemand Sara als „den Blob" bezeichnet hatte.

Ich war außer mir. Ich wusste, dass Marie nicht nur die Anstifterin war, sie stachelte auch ständig ihre Handlanger an. Ich überlegte, ob ich direkt mit ihr sprechen sollte, aber ich war mir nicht sicher, ob ich mich ausreichend unter Kontrolle hätte, um nichts zu sagen, was ich später bereuen würde. Schließlich beschloss ich, an Marie zu schreiben.

Ich brauchte mehrere Anläufe, bis ich den gewünschten Ton traf. (In meiner ersten Version beschrieb ich nur seitenlang, wie verärgert und angewidert ich von ihrer Grausamkeit war.) Das Folgende habe ich ihr schließlich gegeben, nachdem ich es getippt hatte:

Liebe Marie,

ich brauche deine Hilfe. Wie du sicherlich bemerkt hast, wird Sara, seit sie in unsere Klasse gekommen ist, jeden Tag niedergemacht und verhöhnt. Die Schule muss sehr schwierig für sie sein.

Vermutlich wunderst du dich, warum ich beschlossen habe, dir zu schreiben. Es liegt daran, dass ich bemerkt habe, wie gut du eine Führungsrolle ausfüllen kannst und wie sehr dich deine Freundinnen respektieren. Ich vermute, wenn du ihnen klarmachen würdest, dass das Gewicht eines Menschen nichts mit seinem Wert zu tun hat, würden das Hänseln und die verletzenden Witze aufhören. Ich weiß, dass ich viel von dir verlange, aber ich bin zuversichtlich, dass du einen Weg finden wirst, Sara dabei zu helfen, dass sie die Schule als angenehmeren Ort erlebt.

Viele Grüße

Frau G.

Marie erwähnte den Brief nie. Aber während der nächsten paar Tage hörten das Gegrinse und die höhnischen Bemerkungen langsam auf. Ein Mädchen fragte Sara, ob sie beim Bühnenbild für das Schultheater helfen wollte, und Marie wählte sie im Sportunterricht in ihr Volleyball-Team. Sara war begeistert. Ich auch.

3.

Die Tücken des Bestrafens: Alternativen zur Förderung der Selbstdisziplin

Mark trampelte nach der Pause ins Klassenzimmer, schreiend und die Faust schwingend. Wieder einmal hatte ein hitziges Fußballspiel ihn in Rage gebracht. Er kam mit einer Flut von Anschuldigungen auf seinen Lehrer zu.

Mark: Jason betrügt! Sie haben gesagt, ich sei schuld, aber das stimmt nicht! Es war Jason! Er hat den Ball rausgeschossen ... nicht ich! Frau Kenner hat mich auf der Bank sitzen lassen, weil wir gekämpft haben, aber ich habe nicht angefangen! Jetzt lässt mich Tom nicht mehr in seiner Mannschaft spielen! Ich hasse diese Schule!

Lehrerin: Es ist genug! Mir reicht es jetzt mit dir Mark! Da wunderst du dich, dass niemand mit dir spielen will, wenn du hier reinkommst und dich wie eine Heulsuse benimmst. Kinder wollen nicht mit jemandem spielen, der immer den anderen die Schuld gibt!

Mark: Aber ...

Lehrerin: Kein aber! Ich will es nicht hören. Ich habe schon zu viele von deinen Entschuldigungen gehört.

Mark: Aber ich habe nicht ...

Lehrerin: Ich will kein Wort mehr von dir hören. In der nächsten Pause sitzt du in der Vorschule und denkst darüber nach, wie du dich altersgemäß verhalten kannst.

Ich war diese Lehrerin.

Sobald ich die Worte ausgesprochen hatte, bedauerte ich sie. Ich wusste, ich hätte geduldiger sein müssen. Aber ich hatte schon viele Male mit Mark über sein unreifes Verhalten gesprochen und meine „kleinen Ansprachen“ schienen nie irgendetwas geholfen zu haben.

Den übrigen Tag konnte ich nicht aufhören, an Mark zu denken. Was hatte ich erreichen wollen? Hatte meine Strafe seine Aufregung gelindert? Nein. Hatte sie einen Kommunikationskanal zwischen uns geöffnet? Offensichtlich nicht. Hatte sie ihm geholfen, sein Problem zu lösen? Wieder nein. Mark würde dadurch, dass er in einem Raum voll Kindergartenkinder saß, nicht lernen, wie man mit Kindern seines eigenen Alters spielte. Was hatte mich dann dazu gebracht, ihn zu bestrafen?

Das fragte ich Jessie, als wir zusammen den Flur zur Lehrerkonferenz hinuntergingen. Während sie innehielt und über meine Frage nachdachte, antwortete ich mir selbst: „Ich war wütend und frustriert und wusste nicht, wie ich sonst zu ihm durchdringen sollte."

„Und noch etwas", sagte Jessie, „Bestrafung fühlt sich vertraut an. Ich weiß nicht, wie es bei dir ist, aber als ich ein Kind war, hörte ich oft: ‚Wenn du das noch mal machst, wirst du bestraft', oder: ‚Du bekommst, was du verdienst.'"

„Und wie ist es mit: ‚Ich mache das nur zu deinem eigenen Besten.'?", ergänzte ich.

Jessie lächelte kläglich. „Das auch. So haben Erwachsene Kindern eine Lektion erteilt."

„Richtig. Aber Jessie, ich kann mich immer noch erinnern, wie ich mich fühlte, als ich ein Kind war und diese Worte hörte. Ich kann dir versichern, ich habe nie irgendeine ‚Lektion' gelernt. Ich dachte nicht darüber nach, wie ich mich in Zukunft besser verhalten könnte. Ich erinnere mich nur daran, dass ich wütend war und darüber fantasierte, wie ich es ihnen heimzahlen würde: ‚Ich werde mit ihnen abrechnen. Ich werd's ihnen zeigen. Ich werde es wieder machen, aber nächstes Mal lasse ich mich nicht erwischen.' Jetzt bin ich die Erwachsene, die versucht Mark eine Lektion zu erteilen, und er reagiert vermutlich auf dieselbe Weise, wie ich es tat."

„Und wenn das stimmt", sagte Jessie, „wenn Bestrafung dazu führt, dass sich Kinder feindselig und rachsüchtig fühlen, wieso verhalten wir Eltern und Lehrer uns dann weiterhin so?"

Jan holte uns ein. „Ich habe euch gehört", sagte er fröhlich, als er die Tür zur Bibliothek aufhielt, wo unser Treffen stattfand. „Es liegt daran, dass es 30 von ihnen gibt, und wir selbst sind allein und wenn wir sie nicht bestrafen würden, würden sie uns einfach überrennen."

„Sei ernsthaft, Jan", sagte ich.

„Ich bin ernsthaft. Wie sonst soll man die Regeln durchsetzen? Manchmal muss man Kinder bestrafen, um ihnen eine Lektion zu erteilen."

Da waren wir schon wieder! „Aber Jan", versuchte ich zu erklären, während wir zu einem Tisch in der Ecke hinübergingen, „wenn Strafen eine Lektion erteilen, was lernen Schüler dabei?

Wenn ein Kind verbal bestraft wird – ‚Ich will, dass du hundertmal schreibst: Ich darf nicht abschreiben –, sagt es sich vielleicht: ‚Ich bin schlecht. Ich muss bestraft werden.'"

„Und", fiel Jessie mit ein, „wenn ein Kind sogar körperlich bestraft wird – was an unseren Schulen glücklicherweise nicht mehr vorkommt – dann lernt es: ‚Es ist in Ordnung, wenn du mich schlägst, aber es ist nicht in Ordnung, wenn ich dich schlage ... solange, bis ich derjenige bin, der die Machtposition innehat.'"

Jan sah uns beide gelassen an. „Ich lasse meinen Schülern reichlich Raum", sagte er. „Und wie ihr wisst, habe ich nichts gegen Spaß. Aber es gibt so etwas wie Grenzen. Wenn ich Schimpfwörter höre oder Widerworte oder wenn jemand den Unterricht stört, wird derjenige bestraft." Dann griff er ohne ein weiteres Wort ins Bücherregal hinter unserem Tisch, in dem sich die Fachbücher unserer Bibliothek befanden, und zog ein paar heraus. „Hört euch das an", sagte er, während er schnell durch die Bücher blätterte. „Hier die Worte einiger Pädagogik-Größen, die meine Philosophie teilen:

Bestrafung ... ist häufig rasch effektiv bei der Beseitigung von schädlichem Verhalten.[1]

Im Gegensatz zu der Ineffektivität anderer getesteter Alternativen, kann die Strafe ... eine bessere Lösung sein, als anderes.[2]

1 Johnny L. Matson und Thomas M. DiLorenzo, Punishment and Its Alternatives: A A new Perspective for Behaviour Modification (New York: Springer Publishing Co., 1984), S. 10.

2 David A. Sabatino, Ann C. Sabatino und Lester Mann, Discipline and Behavorial Management: A Handbook of Tactics, Strategies, and Programs (Rockville, Md.: Aspen Systems Corp., 1983) S. 12.

Nicht zu bestrafen ... bedeutet auf eine potentiell effektive Methode zu verzichten.[3]"

„Hier", sagte Jan und schob die Bücher über den Tisch. „Schaut es euch selbst an."

Jessie schnaubte: „Das ist ein mittelalterliches Denken. Außerdem hast du diese Leute ohne Kontext zitiert. Und darüber hinaus gibt es eine andere moderne Strömung in der Pädagogik, die eine ganz andere Position vertritt, was dir vielleicht nicht bewusst ist." Dann zog sie vier Bücher aus dem Regal und begann wild durch die Seiten zu blättern.

„Jessie", sagte ich, „vielleicht ist es besser, du wartest bis nach der Konferenz."

„Kein Problem", sagte Jan. „Es sind immer noch nicht alle Leute da. Außerdem möchte ich es gerne hören."

„Also los", sagte Jessie. „Das sind die Gedanken einiger Autoritäten, die glauben, dass Strafe *keine* effektive Form der Disziplinierung ist.

„Dr. Haim G. Ginott sagt:

> Strafe verhindert kein Fehlverhalten. Es macht den Täter nur vorsichtiger beim Begehen seiner Verbrechen, geschickter beim Verwischen seiner Spuren, gewandter darin, der Entdeckung zu entgehen. Wenn ein Kind bestraft wird, reagiert es darauf, indem es vorsichtiger wird, nicht ehrlicher und verantwortungsbewusster.[4]

Dr. Irwin A. Hyman sagt:

> Die Anwendung körperlicher Strafe lehrt das Kind, dass Gewalt die Art ist,mit der man Probleme löst. Studien haben ergeben, dass diese Haltung denen beigebracht wird, die den Schmerz verursachen, denen, die ihn erleiden, und denen, die ihm beiwohnen. Es hilft Kindern nicht, die inneren Kontrollmechanismen zu entwickeln, die in einer Demokratie nötig sind.[5]

---

3 John O. Cooper, Timothy E. Heron, and William L. Heward, Applied Behaviour Analysis (Columbus, Ohio: Merrill Publishing Co. 1987) S. 412.

4 Haim G. Ginott, Teacher and Child (New York: Avon Books, 1970) S. 122.

5 Irwin A. Hyman, Reading, Writing and the Hickory Stick (Lexington, Ky.: Lexington Books, 1990) S. 200.

Dr. Rudolf Dreikurs sagt:

> Heutzutage können Eltern und Lehrer Kinder nicht mehr dazu bringen, sich anständig zu verhalten. Die Realität verlangt von uns, dass wir neue Methoden anwenden, um Kinder so zu motivieren und zu beeinflussen, dass sie mitarbeiten. Strafen, wie [..] Schlagen, demütigen, Rechte entziehen und allgemein Kinder herabsetzen sind veraltete und unwirksame Mittel, Kinder zu disziplinieren.[6]

Dr. Albert Bandura sagt:

> Strafen können Fehlverhalten kontrollieren, aber allein können sie kein erwünschtes Verhalten lehren, oder gar den Wunsch danach, ungezogen zu sein, verringern."[7]

Jan zuckte mit den Schultern und begann ein langes Gegenargument zu formulieren, aber alles, woran ich denken konnte, waren die letzten Worte, die Jessie gelesen hatte: „den Wunsch danach, ungezogen zu sein, verringern."

Das war genau das, wozu ich in der Lage sein wollte. Ich wollte wissen, wie ich meine Schüler im Inneren erreichen und diesen „Wunsch danach, ungezogen zu sein", in einen Wunsch danach, sich angemessen zu verhalten, verwandeln konnte. Ich wollte die schrecklichen Nebenwirkungen der Bestrafung vermeiden und die Kinder dazu ermuntern, selbstbestimmt und selbstdiszipliniert zu sein. Ich wollte ein paar wirksame Alternativen zur Bestrafung finden.

Während der Vertrauenslehrer einige Formulare verteilte, die wir ausfüllen sollten, flüsterte ich Jessie zu: „Statt zu drohen, Mark in den Kindergarten zu schicken, hätte ich vielleicht anerkennen sollen, wie wütend er war. Und als er sich beruhigt hatte, hätte ich ihm helfen können, darüber nachzudenken, was er anderes tun könnte, wenn er sich ungerecht behandelt fühlt. Er hatte es nicht verdient, bestraft zu werden."

---

6 Rudolf Dreikurs, Bernice Bronia Grunwald und Floy C. Pepper, Maintaining Sanity in the Classroom (New York: Harper & Row, 1971), S. 117.

7 Albert Bandura, "Human Agency in Social Cognitive Theory", American Psychologist, 44 (1989), S. 1175-84.

Jan lehnte sich herüber und sagte: „Aber wie ist es mit einem Schüler, der es verdient?"

Da hatte er mich. Meine Gedanken wanderten zu Amy, dem Mädchen, das die Hauptrolle in dem Theaterstück spielte, das ich für den Elternabend organisierte. Ich musste zugeben, dass sie ein Kind war, bei dem es mich reizte, es zu bestrafen.

Nach dem Treffen auf dem Parkplatz erzählte ich Jessie von Amy und wie sie mich in Rage brachte und dass ich sie ausgewählt hatte, weil sie beim Vorsprechen herausragend war, aber während der Proben war sie unausstehlich. „Sie tut einfach alles, um die Aufmerksamkeit auf sich zu ziehen: Sie kichert, putzt sich heraus, blödelt herum, aber was das Lernen ihres Textes angeht – vergiss es. Das ist nur etwas für das Fußvolk. ‚Prinzessin Amy' kann man nicht damit belästigen, sie solle ihren Text mitbringen. Ich glaube, sie denkt, sie kann ihre ganze Rolle im letzten Moment lernen. Vielleicht kann sie das ja auch, aber ich habe dieses schreckliche Bild im Kopf, vom Elternabend, an dem Amy mitten auf der Bühne steht, ausdruckslos und mit unbeteiligtem Blick, während ich neben der Bühne stehe und ihr laut den Text vorflüstere."

„Was würdest du gerne mit ihr machen?", fragte Jessie. „Was ist deine schlimmste Bestrafungsfantasie?"

„Das kann ich nicht. Es ist zu gemein."

„Gönn' es dir."

„Ich würde ihr gern Frau Stock auf den Hals jagen."

„Wer ist das?"

„Meine Lehrerin in der fünften Klasse. Sie war ein harter Brocken – sie ließ nie irgendetwas durchgehen, bei niemandem."

„Okay. Also was würde Frau Stock mit Amy machen? Komm schon Lisa. Wenigstens bekommst du es aus dem Kopf. Danach werden wir sehr professionell sein und schauen, ob wir uns ein paar vernünftige Alternativen einfallen lassen können."

Auf den folgenden Seiten sehen Sie in Comicform meine Bestrafungsfantasien und all die Möglichkeiten, die wir uns als Alternativen ausgedacht haben.

Meine Bestrafungsfantasie

Alternativen zur Bestrafung

Zeigen Sie eine Möglichkeit auf, hilfreich zu sein

Drücken Sie starkes Missfallen aus

Das gefällt mir nicht! Es ist nicht fair gegenüber den anderen Darstellern, wenn einer unvorbereitet ist.

Drücken Sie Ihre Erwartungen aus

Wenn du sagst, du lernst deine Rolle, erwarte ich, dass du zu deinem Wort stehst.

Zeigen Sie, wie man es wiedergutmachen kann

So kannst du es wieder in Ordnung bringen: Bereite bis zur nächsten Probe den kompletten ersten Akt vor.

Act One

Und wenn Amy immer noch nicht mitarbeitet?

Bieten Sie Wahlmöglichkeiten an

Aber angenommen, Amy macht immer noch keine Anstalten, ihren Text zu lernen?

Lassen Sie sie die Konsequenzen ihres Handelns spüren

Was ist schließlich wirklich geschehen? Ich musste nie die letzte drastische Maßnahme ergreifen. Allein das Wissen, dass ich so viele verschiedene Optionen hatte, ließ mich mit einer völlig anderen Einstellung in die nächste Probe gehen. Es würde keine Anschuldigungen geben, keine Warnungen oder schrecklichen Drohungen. Als ich Amy beiseite nahm und ihr erzählte, wie ich mich fühlte, und beschrieb, wie sie wieder in die Spur kommen könnte, hörte sie ruhig zu. Bei der nächsten Probe bemerkte ich eine Veränderung in ihrem Verhalten. Bis zum Ende der Woche hatte sie ihren gesamten Text gelernt.

Am folgenden Montag erzählte ich Jessie, Jan und Maria in der Mittagspause davon.

Jan forderte mich sofort heraus: „Aber was, wenn sie ihren Text *nicht* gelernt hätte? Was, wenn du sie die Konsequenzen ihres Handelns spüren lassen und sie aus dem Stück nehmen hättest müssen? Inwiefern wäre das etwas anderes als eine Bestrafung gewesen?"

Diese Frage warf mich zurück. Wie konnte ich die Worte finden, die ihm klarmachen würden, was mir selbst gerade erst klar wurde? „Meine Absicht war eine andere", sagte ich langsam. „Meine Absicht war nicht, sie zu verletzen, sie zu demütigen oder es ihr heimzuzahlen. Ich wollte ihr nicht einmal ‚eine Lektion erteilen'. Meine Absicht war, die Truppe zu beschützen und sicherzustellen, dass sie, nach all der Arbeit, eine realistische Chance hätte, eine Aufführung abzuliefern, auf die sie stolz sein könnte. Und mich zu schützen – vor unnötigem Stress."

Maria blickte finster drein. „Trotzdem wäre das Mädchen wütend auf dich", meinte sie. Jessie kam mir zu Hilfe. „Das ist möglich", sagte sie, „aber vermutlich wäre sie auch wütend auf sich selbst. Nach dem ersten Schock, sagt sie sich vielleicht: ‚Ich bin sehr enttäuscht ... Ich wollte diese Rolle wirklich ... Wenn ich nur meinen Text gelernt hätte, statt herumzualbern ... Das nächste Mal, wenn ich in einem Theaterstück mitspiele, werde ich ernsthafter sein und mich besser vorbereiten.' In anderen Worten, es besteht die Hoffnung, dass Amy an der Erfahrung wächst, wenn sie ihre ‚emotionalen Hausaufgaben' erst einmal erledigt hat."

„Vielleicht hast du recht", seufzte Maria, „aber ich weiß nicht.

Ich habe gerade Ärger mit Marco und ich fühle mich in beide Richtungen gedrängt. Mein Mann glaubt, dass Kinder bestraft werden sollten, wenn sie etwas Falsches tun. Aber ich bestrafe nicht gerne, obwohl meine Eltern uns bestraft haben, als wir klein waren."

„*Marco* macht dir Probleme?", fragte Jan ungläubig. „Das klingt nicht nach ihm. Er ist so ein tolles Kind. Am Tag, bevor das Schuljahr begann, als er mit dir in die Schule kam, hat er mir geholfen, all meine Bücher auszupacken und das Klassenzimmer vorzubereiten."

„Ich weiß, er ist ein guter Junge", sagte Maria, „aber er hat etwas Unüberlegtes getan. Vor Kurzem hat er auf dem Flur sein Lineal herausgeholt und einen Schwertkampf mit Julian, diesem Jungen aus seiner Klasse, begonnen. Mein Mann ermahnt Marco immer, nicht so wild zu sein, nachzudenken, bevor er etwas tut, aber Marco hört nie zu, und das Ergebnis war, dass ich einen Anruf vom Lehrer und anschließend auch noch einen von seinem Direktor bekam."

„Nur wegen ein wenig Herumalbern?", fragte Jan.

„Es war mehr als nur das. Julians Brille ging kaputt. Marco hat sie heruntergeschlagen und ist aus Versehen draufgetreten. Dann haben Julians Eltern meinen Mann angerufen. Sie waren sehr wütend wegen der Brille. Sie sagten, sie sei neu gewesen und sie hätten viel Geld dafür bezahlt und es sei Marcos Schuld gewesen, weil er mit dem Kampf angefangen hätte."

„Na ja, das ist eine andere Geschichte", sagte Jan. „Wenn mein Kind das getan hätte, hätte ich es auch bestraft ... also, was sagst du dazu, Jessie?"

„Ich denke", sagte Jessie, „dass es wichtiger ist, uns zu fragen, was Marco sich selbst sagen würde, wenn er bestraft würde. Und was Marco sich sagen würde, wenn seine Eltern eine Alternative zur Bestrafung wählen würden."

Wir alle sprachen noch lange darüber und versuchten uns vorzustellen, was im jeweiligen Fall geschehen würde. Auf den nächsten beiden Seiten sehen Sie unsere Zusammenfassung davon, wie wir uns den Dialog mit Marco vorstellten, wenn seine Eltern ihn bestraften ... und wenn nicht.

Bestrafung

Eine Alternative zur Bestrafung

„Nun, ich muss zugeben, dass es einen gewissen Unterschied zwischen den beiden Methoden gibt“, sagte Jan.

„Einen *leichten* Unterschied!“, rief Jessie aus. „Im ersten Dialog, in dem Marco bestraft wird, fühlt er sich wütend und hilflos.“

„Und im zweiten Dialog“, ergänzte ich, „erfährt Marco immer noch die starke Missbilligung seiner Eltern, aber es wird auch von ihm verlangt, es wiedergutzumachen. Und er hat schließlich das Gefühl, letztlich ein guter Mensch zu sein. Auch wenn er etwas Falsches getan hat, kann er eine Möglichkeit finden, seinen Fehler zu korrigieren.“

Jan wandte sich an Maria. „Was wirst du also tun?“, fragte er sie. „Hat das ganze Gerede dir geholfen, eine Entscheidung zu treffen?“

Maria blickte ihn feierlich an. „Ich weiß, was ich meinem Mann heute Abend sagen werde“, sagte sie ruhig. „Und ich weiß, was wir *beide* Marco sagen werden.“

Zur Erinnerung

Alternativen zur Bestrafung

Zu Hause und in der Schule

Kind: Oh !#!%!*!$!# Ich kann diese Matheaufgaben einfach nicht.

Erwachsener: Ich habe dir immer wieder gesagt, du sollst keine Schimpfworte benutzen. Jetzt wirst du bestraft.

Statt Strafe anzudrohen, können Sie ...

1. alternative hilfreiche Handlungsmöglichkeiten aufzeigen.
   „Ich höre deinen Frust. Es wäre hilfreich, wenn du ihn ausdrücken könntest, ohne zu fluchen."
2. starkes Missfallen ausdrücken (ohne die Persönlichkeit anzugreifen).
   „Solche Ausdrücke stören mich sehr."
3. ihre Erwartungen ausdrücken.
   „Ich erwarte, dass du eine andere Möglichkeit findest, mir zu zeigen, wie wütend du bist."
4. dem Kind zeigen, wie es sein Verhalten ändern kann.
   „Was ich gerne sehen würde, ist eine Liste mit einigen starken Wörtern, die du statt derer verwenden kannst, die ich gerade gehört habe. Versuch es mit dem Wörterbuch oder dem Synonymwörterbuch, wenn du Hilfe brauchst."
5. Wahlmöglichkeiten anbieten.
   „Du kannst still für dich fluchen – in Gedanken – oder du kannst Wörter benutzen, die niemanden beleidigen."
   (Und wenn das Kind weiterhin Obszönitäten von sich gibt?)
6. das Kind die Konsequenzen seines Handelns spüren lassen.
   „Wenn ich diese Worte höre, verliere ich jede Lust, dir zu helfen – bei Mathe oder sonst etwas."

Fragen und Antworten von Eltern und Lehrern

Fragen von Eltern

1. Ich wurde kürzlich Stiefmutter von zwei Jungen. Mein Mann glaubt, wenn sie schlechte Noten schreiben, sollte ihnen etwas vom Taschengeld abgezogen werden. Ich denke, sie sollten eine Taschengelderhöhung bekommen, wenn sie gute Noten schreiben. Wäre eine Belohnung nicht eine positivere Art, sie dazu zu bringen, sich mehr anzustrengen?

Auch wenn es seltsam erscheinen mag, zeigen Studien, dass sowohl Belohnungen als auch Strafen den Wusch zu lernen langfristig tatsächlich reduzieren.[8] Kinder lernen am besten, wenn sie sich bemühen, ein Thema zu begreifen. Ein Kind, das eine gute Note bekommt, hat seine Belohnung bereits erhalten. Das Einzige, was er von seinen Eltern brauchen könnte, ist eine Bestätigung ihrer Freude über seine Leistung. Ein Kind, das eine schlechte Note bekommt, hat bereits eine Strafe erhalten. Was es braucht, sind Eltern, die mitfühlen und ihm im nächsten Schritt helfen, herauszufinden, was schiefgegangen ist und wie man damit umgehen kann.

2. Immer wenn meine Tochter Jill aus der Vorschule nach Hause kommt und unglücklich aussieht, weiß ich, dass es daran liegt, dass ihre Erzieherin sie auf den „Auszeit-Stuhl" geschickt hat. Gestern Abend war ich wütend auf meinen Mann und Jill sagte: „Papa, ich glaube, du gehst besser in die Auszeit." Ich war überrascht, weil das keine Methode ist, die ich zu Hause anwende. Nun beginne ich mich zu fragen, ob sie in der Vorschule angewandt werden sollte. Was denken Sie?

„Auszeit" hat einen sehr freundlichen und unschuldigen Klang. Schließlich wird das Kind nicht geschlagen oder angeschrien.

8 Alfie Kohn, Punished by Rewards (New York: Houghton Mifflin Publishing Co., 1993).

Es wird nur aufgehalten und vom Schauplatz entfernt. Aber obwohl es Autoritäten auf dem Gebiet der Kinderbetreuung gibt, die diese Methode sehr empfehlen, führt die National Association for the Education of Young Children sie in ihrer Liste schädlicher disziplinarischer Maßnahmen – zusammen mit Körperstrafen, Kritik, Beschuldigung und Anprangerung.

Es ist nicht schwer zu erkennen, wieso. Als Erwachsene können Sie sich vorstellen, wie gekränkt und beschämt Sie sich fühlen würden, wenn jemand sie zwingen würde, sich wegen dem, was Sie gesagt oder getan haben, in Isolation zu begeben.

Vielleicht ist es schwieriger, sich vorzustellen, was in einem Kind vorgeht, das eine „Auszeit" auf einem „Auszeit-Stuhl" verbringen soll. Versuchen Sie es trotzdem. Stellen Sie sich vor, Sie wären vier oder fünf Jahre alt. Stellen Sie sich vor, dass Sie so wütend auf einen Jungen namens Lennard sind (der sie entweder geschubst oder beschimpft oder Ihnen etwas weggenommen hat), dass Sie ihn zur Vergeltung getreten oder geschlagen oder beschimpft oder etwas nach ihm geworfen haben. Nun stellen Sie sich zwei verschiedene Reaktionen ihrer Erzieherin auf dieses unsoziale verhalten vor:

Im ersten Szenario sagt die Erzieherin: „Hör damit auf! Es ist nicht nett, so etwas zu tun. Du musst eine Auszeit nehmen – jetzt gleich!"

Es ist wahrscheinlich, dass du dir, während du langsam zu deinem Auszeit-Stuhl gehst, denkst: „Die Erzieherin ist ungerecht. Sie hat nicht gesehen, was Lennard mit mir gemacht hat. Es war alles seine Schuld." Oder: „Vielleicht bin ich wirklich böse. So böse, dass ich weggeschickt werden muss."

Im zweiten Szenario sagt dir die Erzieherin: „Du warst so wütend auf Lennard, dass du ihn getreten hast. Treten ist nicht erlaubt. Sag Lennard mit Worten, was dir nicht gefällt ... Das kannst du nämlich!"

Es ist wahrscheinlich, dass du dir dieses Mal sagst: „Meine Erzieherin versteht, wieso ich wütend auf Lennard war. Sie wird nicht zulassen, dass ich ihn trete, aber sie denkt, ich kann ihm mit Worten sagen, wie ich mich fühle. Vielleicht kann ich das."

Das sind zwei sehr unterschiedliche innere Botschaften. Die erste überzeugt das Kind davon, dass mit ihm etwas so falsch ist, dass es aus der Gesellschaft entfernt werden muss. Die zweite bringt ihm bei, wie es mit der Gesellschaft umgehen kann – direkt und gewaltfrei.

Heißt das, dass ein Kind niemals von seiner Gruppe getrennt werden sollte? Manche Erzieher glauben, dass jedes Klassenzimmer eine Schutzecke haben sollte, in die sich das Kind zurückziehen kann, wenn es sich gestresst fühlt. Dieser „Pausenplatz" oder die „Beruhigungsecke" kann mit einigen Büchern ausgestattet sein, mit Zeichenmaterial und Kissen, die man schlagen oder auf die man sich legen kann. Es ist wichtig, dass dem Kind nicht befohlen wird, dort hinzugehen. Stattdessen könnte die Erzieherin Wahlmöglichkeiten anbieten, sodass das Kind selbst bestimmen kann, ob es dorthin geht oder nicht: „Ich kann sehen, dass du immer noch wütend auf Lennard bist. Willst du mir mehr darüber erzählen oder willst du in der Beruhigungsecke mit Papier und Buntstiften malen, wie es dir geht?"

3. Für jemanden wie mich, mit einem hitzigen Gemüt, ist es ein großer Schritt, meinen Sohn nicht mehr anzubrüllen, sondern ihn stattdessen in die Auszeit zu schicken. Was könnte man sonst noch machen, wenn man merkt, dass man außer Kontrolle zu geraten droht?

Eine Mutter berichtete, dass Sie sich selbst eine „Auszeit" nimmt, wenn sie kurz davor ist zu „explodieren". Sie sagte: „Als ich sah, wie mein Sohn gedankenlos Kratzer mit der Nadel seines neuen Kompasses in die Esstischplatte machte, nahm ich ihn ihm weg und sagte: ‚Ich bin so wütend über das, was ich da sehe, dass ich in mein Zimmer gehe, um runterzukommen!'" Später, als sie sich beruhigt hatte, zeigte sie ihrem beklommenen Sohn, wie er den Schaden reparieren könnte.

Als jemand Dr. Ginott herausforderte, indem er ihn fragte, was er tun würde, wenn er an seine Grenzen käme, richtete er sich zu voller Größe auf, starrte einen imaginären kleinen Angreifer wütend an, hob seinen rechten Arm zu einer bedrohlichen Pose und bellte: „Ich bin so wütend, so wütend …! Lauf besser so schnell du kannst weg!!“

4. Die Lehrerin meines Sohnes ließ gestern alle Jungen im Klassenzimmer bleiben, weil der Hausmeister ihr erzählt hatte, dass einige ihrer Schüler in der Jungentoilette geraucht hatten. Das Ergebnis war, dass mein Sohn das Basketballtraining verpasste. Er hat sich sehr darüber geärgert. Er findet, Gruppenbestrafungen sind ungerecht. Was denken Sie?

Es ist nicht schwer, den Einwand Ihres Sohnes gegen Gruppenbestrafungen zu verstehen. Unschuldige Schüler nehmen sie sehr übel und können zu der Schlussfolgerung gelangen: Wieso sollte ich mich bemühen, mich an die Regeln zu halten, wenn ich sowieso bestraft werde? Die Schuldigen ziehen vielleicht die Schlussfolgerung: Ich wurde diesmal nicht geschnappt. Vielleicht komme ich nächstes Mal wieder davon. Wenn es das Ziel eines Lehrers ist, seinen Schülern dabei zu helfen, Selbstdisziplin zu entwickeln, dann ist Bestrafung – ob einzeln oder in der Gruppe – nicht die Antwort.

Geschichten von Eltern

Dieser erste Erfahrungsbericht stammt von der Mutter der neunjährigen Meike.

Ich kam eines Nachmittags schon um zwei Uhr nach Hause, weil ich mich unwohl fühlte. Meine Tochter hatte Nachmittagsunterricht – stellen Sie sich meinen Schrecken vor, als ich Kindergelächter aus ihrem Zimmer hörte. Ich rannte hinauf und da waren Meike und ihre Freundin Johanna. Sie hörten sofort auf zu lachen, als sie mich erblickten und warfen sich schuldbewusste Blicke zu. Es war schwierig, es aus ihnen herauszubekommen, aber letztendlich gaben sie zu, dass sie für das Mittagessen nach Hause gekommen und anschließend nicht mehr in die Schule zurückgegangen waren.

Ich fragte: „Ihr meint, ihr schwänzt die Schule?"

Johanna sagte: „Aber wir haben es nicht absichtlich getan. Wir haben geredet und vergessen, auf die Uhr zu sehen."

Ich sagte Johanna, sie sollte besser nach Hause gehen, weil ich alleine mit Meike reden müsse. Als ihre Freundin gegangen war, sagte ich sehr leise zu Meike: „Du hast nicht vergessen, auf die Uhr zu sehen."

Meike senkte den Kopf und sagte: „Wir haben nur experimentiert, um zu sehen, wie es sich anfühlen würde, nicht zurück zur Schule zu gehen."

Einen Moment lang, wusste ich nicht, was ich tun sollte. Ich erwog, sie zu bestrafen – ihr zu sagen, sie dürfe Johanna einen Monat lang nicht einladen. Aber stattdessen sagte ich: „Das regt mich alles sehr auf. Wenn du in der Schule sein solltest, erwarte ich, dass du auch wirklich dort bist. Jetzt wird mich deine Lehrerin vermutlich anrufen."

Meike sagte: „Schreib mir eine Entschuldigung. Schreib, dass ich krank war, dann bekommst du keinen Anruf."

Ich sagte: „Meike, die Entschuldigung musst du selbst schreiben. Und es muss die Wahrheit sein." Nun, darüber war sie nicht gerade froh, aber sie schrieb einen Brief (mit ein wenig Hilfe von mir), in dem stand, sie habe nur „experimentiert“ und würde es nicht wieder tun.

Danach fühlte ich mich gut. Ich war streng, ich „drehte“ nicht „durch“, und obwohl die Lehrerin ihr wegen dem Brief schließlich ziemlich zusetzte, hatte ich trotzdem das Gefühl, das richtige getan zu haben. Ich wusste, dass ich Meike geholfen hatte, sich mit ihrer Tat auseinanderzusetzen und Verantwortung zu übernehmen.

*

Die nächste Geschichte stammt von der Mutter einer Oberstufenschülerin.

Meine 16-jährige Tochter Carolin erzählte mir, dass sie im Hauswirtschaftsunterricht die kindliche Entwicklung durchnehmen und die Lehrerin eines Tages fragte: „Was, denkt ihr, würde passieren, wenn ein Kind niemals bestraft würde?“ Als Carolin erzählte, dass sie nie von ihren Eltern geschlagen oder bestraft worden war, starrten ihre Mitschüler sie mit offenen Mündern an. Eines der Mädchen stammelte: „... aber ... aber ... du bist gut!“

Scheinbar konnten sie nicht glauben, dass ein Mensch „gut“ sein könnte, wenn er nie bestraft worden war. Ich schätze, wenn Kinder mit Schlägen und Bestrafungen aufgewachsen sind, ist es schwer für sie zu verstehen, dass Kinder, wenn ihre Eltern ihnen vertrauen und respektvoll mit ihnen sprechen, sehr „gute“ und sehr verantwortungsvolle Menschen werden können. Für mich ist Carolin der lebende Beweis.

Erst letzte Woche kamen mein Mann und ich abends nach Hause zurück und fanden eine Nachricht von ihr auf dem Kissen. Darauf stand:

Liebe Mama, lieber Papa,

als ich heute Abend rückwärts aus der Ausfahrt fuhr, stieß ich an die Eiche, und der Roller hat jetzt eine Delle. Anbei sind zehn Euro – die erste Anzahlung für die Reparaturkosten. Ich werde jeden Monat etwas bezahlen, bis es genug ist. Es tut mir wirklich leid!! Es war ein Versehen.

In Liebe,

Carolin

Ich muss zugeben, wir waren zunächst etwas verärgert, aber nachdem wir uns beruhigt hatten, waren wir irgendwie stolz.

*

Der nächste Erfahrungsbericht stammt von einem Vater.

Der Direktor berief ein Treffen aller Eltern ein, um den alarmierend gestiegenen Drogenkonsum im Viertel zu diskutieren. Ein Gremium von Psychologen sprach zu uns und sie waren alle hervorragend, aber die Rednerin, die mich am meisten beeindruckte, war eine Schulabgängerin aus unserer Oberstufe, die gerade aus einem Drogenrehabilitationsprogramm kam. Sie erzählte uns von ihrem Vater, einem Alkoholiker, der nie für sie da war, von ihrer Mutter, die wieder heiratete und ihr keine Aufmerksamkeit mehr schenkte, ihre lange Geschichte von Schulproblemen, davon, wie sie versuchte cool zu sein, Drogen nahm und schließlich auf der Straße lebte, in panischer Angst davor, AIDS zu bekommen, wie es einigen ihrer Freundinnen passiert war.

Als sie mit ihrer Geschichte fertig war, sah sie sich im Zimmer um und sagte:

„Ich kann Ihnen nur sagen: Bitte hören Sie ihren Kindern zu. Ich glaube wirklich, wenn mir meine Mutter besser zugehört hätte, statt mich zu bestrafen, hätte ich vermutlich auch auf sie gehört. Aber stattdessen wurde ich nur wütend darüber, immer wieder Hausarrest zu bekommen, und widersetzte mich ihr, indem ich mich beim Schlafzimmerfenster hinausschlich. Wenn sie mehr wie eine Freundin und weniger wie eine strafende Mutter gewesen wäre, hätte das vermutlich etwas geändert. Ein Kind hat nur seine Familie. Letztendlich sind es die Familienmitglieder, die für einen da sind. Aber die Eltern sollten mehr zuhören und weniger verurteilen, sodass wir auch mit euch sprechen können."

Fragen von Lehrern

1. **Ich habe in vielen Schulen unterrichtet und alle möglichen strafenden Maßnahmen erlebt, von Sarkasmus und Hohn bis zu Androhungen von Nachsitzen und Schulverweisen. Manche Lehrer verbieten den Kindern die Dinge, die sie am meisten mögen – Sport, Musik, Ausflüge etc. Manche haben eher physische Methoden. Sie schlagen, schütteln, zwicken oder ziehen an den Haaren. Welche von all diesen Methoden halten Sie für am schädlichsten?**

In seinem Buch „Reading, Writing, and the Hickory Stick" sagt Dr. Irwin Hyman, dass all diese Strafmaßnahmen gravierende Langzeitfolgen bei Kindern auslösen können. Seine Forschungen zeigen, das schon eine einzige grobe Erfahrung eine Reihe von posttraumatischen Stresssymptomen auslösen kann: Das Kind kann das Interesse an den Schularbeiten verlieren, aufhören, seine Hausaufgaben zu machen, und beginnen, sich aggressiv zu verhalten. Es kann Gefühle von Angst oder Depressionen erleben oder das Vertrauen in Erwachsene verlieren. Manche Kinder beginnen ins Bett zu machen, Nägel zu kauen oder zu stottern oder entwickeln plötzlich Kopfschmerzen. Manche erleben Albträume oder haben Schwierigkeiten, ein- oder durchzuschlafen. Auch wenn ein Kind wohl nicht alle dieser Symptome erleiden wird, sollte kein Kind auch nur eines davon erleiden müssen. Unsere Kinder haben ein Recht darauf – sowohl gesetzlich, als auch aus einer höheren Warte –, von denen, die das Privileg, sie zu erziehen, für sich beanspruchen, auf eine menschliche, fürsorgliche Weise behandelt zu werden.

2. Ich kann den Gedanken immer noch nicht akzeptieren, dass es wirklich keine Situationen gibt, in denen Bestrafung nötig ist. Was ist mit einem Mobbing-Täter auf dem Pausenhof, der einem Erstklässler die Brille wegnimmt, ihn zum Heulen bringt und hämisch lacht? Verdient ein Kind, das sich so grausam verhält, nicht eine harte Strafe?

Es muss aufgehalten und sein Verhalten muss korrigiert werden. Es braucht keine weitere Demonstration davon, wie einfach größere, stärkere Menschen kleinere, schwächere Menschen verletzen können. Mit großer Wahrscheinlichkeit weiß der „Täter" das bereits aus eigener Erfahrung. Wenn wir jemandem Freundlichkeit beibringen wollen, müssen wir das auf freundliche Weise tun. Ein Kind, das grausam zu einem anderen Kind ist, muss Ihre starke Überzeugung spüren, nicht den Schmerz durch eine Strafe. Es muss ein ernstes „Es gefällt mir nicht, was ich sehe!! Niemand sollte getriezt werden, bis er weint – niemals!", hören. Es muss von Ihren Erwartungen hören: „Ich erwarte Freundlichkeit von dir ... Und du kannst jetzt damit anfangen – indem du die Brille zurückgibst." Respekt anderen gegenüber kann nur auf respektvolle Weise vermittelt werden.

3. Denken Sie, dass jeder Schüler „umgekrempelt" werden kann, indem man eine respektvolle Beziehung zu ihm aufbaut?

Es wäre schön, wenn es so wäre! Leider gibt es einige Kinder, die so brutal behandelt wurden, dass sie nicht mehr in der Lage sind, auf fürsorgliche Ansprache zu reagieren. Der kurze Schultag kann den langfristigen Schaden, der ihnen bereits zugefügt wurde, nicht heilen. Das Beste, was Lehrer tun können, ist, die anderen Schüler und sich selbst vor diesen außer Kontrolle geratenen Kindern zu schützen. Allerdings ist es besonders wichtig, ernste, aber respektvolle Methoden bei diesen wütenden Kindern anzuwenden, um sie nicht noch weiter zu reizen. Zumindest wird so jeder sicherer sein und kein größerer Schaden wird angerichtet.

4. Als ich zur Pausenaufsicht eingeteilt war, gerieten zwei Mädchen in einen Faustkampf. Mein Kollege wollte sie in das Büro des Direktors bringen, aber ich sagte ihm, wir könnten das selbst lösen. Beide Mädchen versuchten uns ihre Perspektive zu schildern. Ich weigerte mich, zuzuhören, und warnte sie, dass ich sie, wenn das jemals wieder vorkäme, persönlich zum Direktor bringen würde. Jetzt habe ich Zweifel. Wie hätte ich die Situation anders lösen können?

Sie hätten zuhören können, als die beiden Mädchen ihre Situation schilderten, und dann die Sichtweise von beiden wiedergeben können: „Also, du, Ellen, warst wütend auf Rosa, weil ... Und, Rosa, du warst ärgerlich, weil du dachtest ...“ Indem sie den gegenseitigen Zorn bestätigten, hätten sie geholfen, ihn zu zerstreuen.

Ein Direktor berichtete, dass er immer, wenn zwei Kinder in sein Büro gebracht wurden, die gerauft hatten, eine Methode anwandte, die er vom verblichenen Dr. Haim Ginott gelernt hatte. Er ließ die beiden Kinder an gegenüberliegenden Seiten seines Tisches sitzen, reichte jedem einen spitzen Bleistift und Papier und sagte: „Ich möchte genau wissen, was passiert ist – schriftlich.“

Meist protestierte einer der Kontrahenten: „Aber es war nicht meine Schuld.“ Der andere entgegnete: „Er hat mich zuerst geschlagen.“ Der Direktor nickte und sagte: „Stellt sicher, dass ihr das in euren Bericht schreibt. Ich will – ganz genau – wissen, wie es angefangen hat, wie es weiterging und wie ihr euch gefühlt habt. Und vergesst auch nicht eure Empfehlung für die Zukunft zu ergänzen!“

Nachdem die Kinder fertig waren, lass er beide Berichte und bestätigte respektvoll die Erfahrung, die jedes der beiden Kinder gemacht hatte. Dann bat er sie, ihre Vorschläge dem jeweils anderen vorzutragen und eine Vereinbarung zu treffen.

Geschichten von Lehrern

Diese erste Geschichte stammt von einem Lehrer einer achten Klasse.

Ich kam in mein Klassenzimmer und erwischte Luka, wie er ein kompliziertes Bild auf die Innenseite des Buchdeckels seines Mathebuchs malte. Am Tag zuvor hatte ich der Klasse einen Vortrag darüber gehalten, dass man kein Schuleigentum beschädigen darf.

Normalerweise hätte ich ihn von seinem Stuhl gezogen und geschrien: „Das reicht! Geh zum Direktor!" Stattdessen ging ich zu seinem Tisch und blieb dort stehen. Luka schlug, im Versuch, seine Zeichnung zu verbergen, sein Buch zu. Ich sagte: „Lass mich wiederholen, was ich gestern gesagt habe: Es macht mich wütend, zu sehen, wie jemand in ein Buch kritzelt. Diese Schulbücher werden die nächsten fünf Jahre benutzt werden, und ich erwarte von meinen Schülern, dass sie gut auf sie achtgeben."

„Tschuldigung", murmelte Luka, „hab's vergessen."

„Aha", sagte ich und ging zurück zu meinem Pult. Als ich zu Lukas Platz zurückkehrte, versuchte er eifrig die Zeichnung mit seinem kleinen abgenutzten Radiergummi zu entfernen. Ich gab ihm meinen und sagte: „Hier, damit sollte es einfacher gehen. Und du kannst diesen kleinen Block benutzen, immer wenn du das Bedürfnis zu kritzeln verspürst."

Luka sah überrascht aus und sagte: „Danke."

Ich sagte: „Bitteschön", und begann meine Stunde.

Ein Monat ist vergangen und Luka hat seither nicht mehr in sein Schulbuch gezeichnet. Er bewahrt den Block in seiner Hemdtasche auf und zeigt mir gelegentlich seine Zeichnungen. Ich bin froh, dass ich ihn nicht zum Direktor geschickt habe. Es hätte ihn vielleicht davon abgehalten, in sein Buch zu kritzeln, aber wir wären nie zu der Beziehung gekommen, die wir jetzt haben. Und wer weiß, womöglich habe ich einen angehenden Picasso ermuntert.

*

Eine Vertrauenslehrerin berichtete, wie sie einem Kind half, die von seinem Lehrer angedrohte Strafe zu vermeiden, indem sie seine Gefühle akzeptierte und ihm eine Wahl ließ.

Ich ging in das Zimmer einer dritten Klasse, um drei Kinder abzuholen, die einen Test für ein Sonderschulprogramm absolvieren sollten. Zwei standen sofort auf, um mit mir zu kommen. Khalil aber saß mit gesenktem Kopf da und blickte zornig. Der Klassenlehrer sagte: „Khalil, Frau Gordon ist hier. Sie wartet. [keine Antwort] Nun, wie ich sehe, möchte Khalil heute nicht mitarbeiten. [immer noch keine Antwort] Khalil, wenn du morgen auf die Exkursion mitkommen möchtest, gehst du jetzt besser mit Frau Gordon." Khalils Kopf sank tiefer. Ich ging zu seinem Platz hinüber, kniete neben ihm nieder und flüsterte: „Du willst heute nicht mitkommen."

Khalil (wütend): Ich will nicht in der Nähe von Joseph sein!

Ich: Oh ... Nun, ich kann mir zwei Lösungen vorstellen: Du kannst mit mir kommen und ich halte Joseph so weit auf Abstand wie möglich ... oder du kannst den Test jetzt machen, gleich hier im Klassenzimmer.

Khalil blieb lange Zeit still. Dann stand er auf und ging mit mir. Ich war so froh, dass mir Wahlmöglichkeiten eingefallen waren, die ihm einen Ausweg boten.

*

Diese letzte Geschichte wurde uns von einem Sozialarbeiter an einer Schule berichtet.

Steffen war sieben – ein attraktives, intelligentes Kind in einer Klasse für Kinder mit emotionalen und Verhaltensauffälligkeiten. Er schlug sich schlecht in der Schule und jedes Maß an Ermutigungen, Goldsternchen oder Stickern blieb vergeblich. Er vermied den Blick derer, die ihm helfen wollten, zuckte mit den Schultern, wenn man ihn fragte, wo das Problem lag, und entzog sich zu Hause den liebevollen Annäherungsversuchen seiner Mutter.

Außerdem hatte er Angst vor Höhe. Rutschen und Klettergerüste waren nicht sein Fall.

Nachforschungen bei den Eltern enthüllten, dass Steffen in seinen frühen Schuljahren drakonische Disziplinarmaßnahmen erleiden musste: den Stock als Mittel gegen Unaufmerksamkeit in der ersten und ein Lineal auf die Schulterblätter oder die Fingerknöchel als Strafe für störendes Verhalten in der zweiten Klasse. Seine Mutter, die mit der Schule zusammenarbeiten wollte, hatte der Lehrerin in Anwesenheit Steffens die Erlaubnis gegeben, ihn auf jede Weise zu behandeln, die ihr passend erschien.

Ich ermutigte die Eltern, mit Steffen in einer entspannten formlosen Sitzung über diese Themen zu sprechen. Nach nur ein oder zwei Treffen staunten sie darüber, dass Steffen sich klar an jede einzelne Gelegenheit erinnerte, bei der er mit dem Stock oder dem Lineal geschlagen worden war. Plötzlich brach seiner Mutter gegenüber zum ersten Mal seine aufgestaute Wut aus ihm heraus, während er ihre Knie mit den Fäusten schlug: „Aber Mama, du hast gesagt, sie darf mich schlagen. Du hast ihr gesagt, sie darf es!"

Seine Mutter war überrascht. Sie erklärte, dass sie nie im Sinn hatte, dass jemand ihn verletzen würde. Am Ende der Sitzung umarmten sich Steffen und seine Mutter zum ersten Mal seit einem Jahr zärtlich.

Ein oder zwei Tage später spielten Steffen und sein Vater draußen und ihr Ball blieb auf dem Dach des Hauses hängen. Der Vater holte die Leiter, um hinaufzusteigen, aber Steffen sagte plötzlich: „Nein, lass mich." Er positionierte die Leiter erfolgreich und holte den Ball zurück – offenbar höchst zufrieden mit sich.

Er rannte ins Haus, legte die Arme um die Hüfte seiner Mutter und rief triumphierend aus: „Mama, seit ich dir mein Geheimnis erzählt habe, kann ich alles tun!"

Der Hinweis erübrigt sich, dass sich seine schulischen Leistungen von da an merklich verbesserten.

4.

Probleme gemeinsam lösen

sechs Schritte, welche die Kreativität und die Einsatzbereitschaft von Kindern fördern

Am letzten Tag meines ersten Jahres als Lehrerin, erzählte mir Tasha, eine chronische Schwätzerin mit einer lauten Stimme: „Sie sind zu nett zu uns. Sie würden uns einen Mord durchgehen lassen."

Ich lachte und sagte: „Wieso hast du mir das nicht früher gesagt?"

Sie antwortete: „Ich habe zu viel Spaß!"

Wir lächelten beide, als sie zur Tür hinaus schlenderte, aber sobald sie draußen war, verschwand mein Lächeln. Könnte Tasha recht haben? Würde ich die Kinder mit Mord davonkommen lassen? Vielleicht. Ich war so begierig darauf, nicht zu strafen und von allen gemocht zu werden, dass ich über Dinge, die ich für Kleinigkeiten hielt, hinweggesehen hatte – Kinder, die sich gegenseitig unterbrachen, sich gegenseitig schlechtmachten oder wenn jemand durch das ganze Klassenzimmer rief. Wieso eine interessante Stunde verderben, indem man eine große Sache aus ein paar kleinen Verfehlungen machte? Aber Tasha hatte mir mitgeteilt, dass sie ihren Vorteil aus meinem Bedürfnis, „nett" zu sein, gezogen hatte. Und sie war womöglich nicht die Einzige.

Ich beschloss, im nächsten Jahr strenger zu sein – die Regeln am ersten Unterrichtstag festzulegen und sie streng durchzusetzen. Aber nach den ersten Septemberwochen merkte ich wie es mir wieder entglitt. Zum Beispiel ist meine Vorstellung von einer guten Diskussion ein lebhafter, frei fließender Austausch, bei dem der eine Gedanke den anderen anregt. Wenn ein Schüler einen anderen aufgeregt unterbrach, erschien mir das nicht als Kardinalsünde. Wenn jemand nicht damit einverstanden war, was er oder sie hörte, und in der Hitze der Diskussion spöttelte: „Das ist doch blöd", ließ ich es durchgehen.

Aber als es mehr und mehr Unterbrechungen und Herabwürdigungen gab, arteten unsere Klassendiskussionen schnell zu lärmigen Handgemengen aus.

Trotzdem konnte ich mich noch nicht dazu durchringen, den Enthusiasmus durch Erinnerungen und Verweise zu dämpfen. Vielleicht war ich naiv, aber meine Erwartung war, dass die Kinder zu irgendeinem Zeitpunkt selbst darauf kommen würden, dass sie höflicher miteinander umgehen sollten.

Das Einzige, worauf jemand kam, war meine eigene Erkenntnis: Diese Kinder würden sich nicht ändern, solange sich ihre Lehrerin nicht änderte. Sie brauchten einen Erwachsenen, der ihnen ein paar grundlegende soziale Fertigkeiten vermittelte und darauf bestand, dass sie diese anwandten.

Aber wie sollte ich das anstellen?

Ich dachte an das Kapitel über Problemlösungen in „So sag ich's meinem Kind" ... Die Theorie besagt, wenn Eltern und Kinder gemeinsam Probleme untersuchen und gemeinsam Lösungen ausarbeiten, sind die Kinder viel motivierter, die Lösungsansätze auch in die Tat umzusetzen.

Eine interessante Idee. Ich studierte den Schritt-für-Schritt-Prozess der Problemlösungen und schrieb meine eigene Adaption für mögliche Anwendungen in meiner Klasse. Ich sollte:

- auf die Gefühle und Bedürfnisse meiner Schüler hören,
- ihren Standpunkt zusammenfassen,
- meine eigenen Gefühle und Bedürfnisse ausdrücken.
- die Klasse zu einem Brainstorming einladen, um mit mir gemeinsam eine Lösung zu finden,
- alle Ideen aufschreiben – ohne zu bewerten,
- gemeinsam entscheiden, welche Ideen wir benutzen wollen, und wie wir sie umsetzen wollen.

Während ich mir die sechs Schritte noch einmal ansah, fühlte ich mich für einen Augenblick überwältigt. Könnte ich die Klasse tatsächlich durch diesen langen komplizierten Prozess steuern? Andererseits war es vielleicht nicht so schwer, wie es schien. „Im Grunde", sagte ich mir selbst, „geht es darum, dass die Kinder sagen, wie sie sich fühlen, dass ich sage, wie ich mich fühle, und wir dann anschließend gemeinsam an Lösungen arbeiten." Es war auf jeden Fall einen Versuch wert. Hier folgen in Comicform die Höhepunkte unseres ersten gemeinsamen Problemlösungsversuchs:

Problemlösung

Hören Sie auf die Gefühle und Bedürfnisse Ihrer Schüler

Fasse ihre Standpunkte zusammen

Drücken Sie Ihre eigenen Gefühle und Bedürfnisse aus

Laden Sie die Klasse zum Brainstorming ein, um eine Lösung zu finden

Schreiben Sie alle Ideen auf – ohne zu bewerten

Entscheidet zusammen, welche Ideen euch gefallen, welche nicht und wie ihr die guten Ideen umsetzen wollt

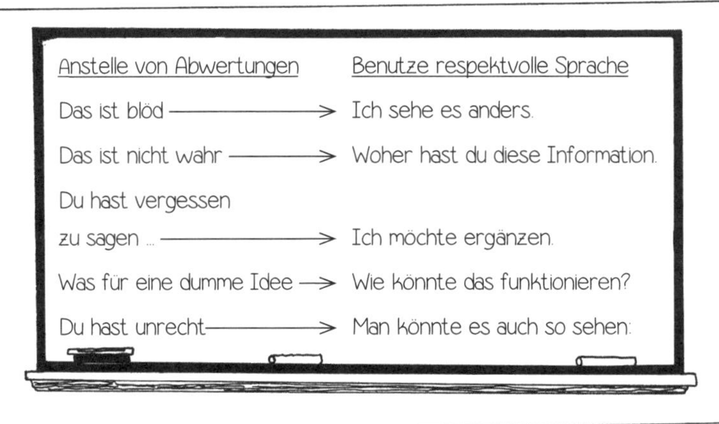

Als Ergebnis dieser Problemlösungssitzung traten wichtige Veränderungen auf. Die Anzahl an Unterbrechungen ging dramatisch zurück. Die paar Schüler, die weiter unterbrachen, bemerkten es selbst und sagten „Uuups“ oder „Entschuldigung“ und warteten dann höflich, bis sie an der Reihe waren. Aber die größte Belohnung für mich war, wie respektvoll die Kinder nun aufeinander hörten. Selbst diejenigen, die in ein unbedachtes „Das ist doch blöd!“ zurückverfielen, wurden durch ein Stöhnen der Klasse aufgehalten. Meist lächelte der Täter verlegen, sah auf die Tafel und las mechanisch: „Ich sehe es anders.“ Alle lachten, aber auch wenn es nur das Zitieren eines auswendig gelernten Satzes war, änderten die neuen Worte den Ton der Diskussion. Das Beste daran war, das ich nicht als Polizistin auftreten musste, die sie in die Schranken wies. Meine Schüler waren selbst dafür verantwortlich, sich zu kontrollieren.

Ich war so stolz auf ihre neue Selbstkontrolle und ihre wachsende Sensibilität füreinander, dass ich entschied, am Elternabend davon zu erzählen. Als alle saßen, begrüßte ich die Eltern und berichtete von meinen Zielen für das Schuljahr. Dann wies ich auf die Tafel mit dem Schaubild „Benutze respektvolle Sprache“ und beschrieb die Probleme, welche die Klasse gehabt hatte und wie wir sie gelöst hatten.

Die Eltern schienen interessiert. Eine Fülle von Anmerkungen und Fragen folgte:

„Ich war gerade in einer Management-Schulung und die Konfliktlösungsmethoden, die dort gelehrt wurden, waren denen sehr ähnlich, die Sie beschrieben haben.“

„Das klingt, als ob man es auch zu Hause mit den Kindern anwenden könnte.“

„Ich könnte nie die Geduld aufbringen, all diese Schritte mit meinen Kindern durchzugehen.“

„Was, wenn ein Kind nicht bereit ist, über Lösungen nachzudenken?“

„Oder angenommen, seine Idee ist albern oder gefährlich, was macht man dann?“

„Was, wenn man sich auf einen Plan verständigt und die Kinder halten ihren Teil der Vereinbarung nicht ein? Was dann?" Offensichtlich wollten sie alle mehr erfahren. Ich erklärte, dass ich keine Erfahrungen mit diesen Methoden als Mutter hatte, aber dass ich, wenn sie interessiert wären, gerne meine Entdeckungen als Lehrerin mit ihnen teilen wollte. Sie waren sehr interessiert. Ich begann damit zu erklären, dass mir, je mehr ich mit dem Problemlösungsansatz experimentierte, immer klarer wurde, wie viel ich im Kopf behalten musste, damit es funktionierte.

Ich erzählte den Eltern, was ich durch Versuch und Irrtum gelernt hatte, hier die wesentlichen Punkte:

Versuchen Sie die Problemlösungsmethode gar nicht erst, wenn Sie sich gehetzt oder aufgewühlt fühlen. Um ein schwieriges Problem erfolgreich anzupacken, braucht man einen klaren Kopf und innere Ruhe.

Der erste Schritt – den Kindern zuzuhören – ist der wichtigste. Ich hatte die Tendenz durch diesen ersten Schritt durchzuhetzen, um zum „guten Teil", namentlich dem Brainstorming, zu gelangen, um so viele Lösungsvorschläge wie möglich zu erhalten:

Schüler: Frau Langer, ich habe eine Vier in meinem Sozialkundetest bekommen!

Ich: Nun, was kannst du tun, um sicherzustellen, dass das nicht wieder passiert? Irgendwelche Ideen?

Ich habe inzwischen gelernt, dass Schüler nicht bereit sind, nach Problemlösungen zu suchen, bis ihre Gefühle nicht bekräftigt worden sind:

Ich: Du klingst ziemlich wütend über die Note. Lass uns deine Antworten gemeinsam durchgehen. Vielleicht kannst du mir genauer erklären, was du dir dabei gedacht hast.

Fassen Sie sich kurz, wenn Sie Ihre Gefühle ausdrücken. Die Kinder konnten mir aufmerksam zuhören, wenn ich eine kurze Aussage darüber machte, wie ich mich fühlte, aber sie blendeten mich aus, wenn ich immer weiter über *meine* Sorgen oder *meinen* Frust oder *meinen* Ärger sprach.

Widerstehen Sie dem Drang, die Vorschläge der Kinder zu beurteilen. Es war sehr schwer für mich, meine Kommentare zurückzuhalten, als die Kinder Lösungen vorschlugen, die eindeutig daneben waren. Als ich sagte: „Das können wir auf gar keinen Fall machen“, kam der ganze Problemlösungsprozess mit quietschenden Bremsen zum Stehen. Niemand machte danach noch einen einzigen Vorschlag. Wenn man die Räder der Kreativität zum Laufen bringen will, muss man jede Idee begrüßen – egal wie albern sie klingt: „Okay, jeder, der unterbricht, muss sich für eine Woche den Mund zukleben. Das habe ich aufgeschrieben. Was noch?“

Stellen Sie sicher, einen Plan für die Durchsetzung der endgültigen Entscheidung vorzubereiten. Ich musste lernen, mich nicht im Glanz zu sonnen, geholfen zu haben, eine wunderbare Lösung zu ermöglichen. Selbst die beste Absicht kann den Bach hinuntergehen, wenn nicht jeder einer Methode zustimmt, die Lösung in die Tat umzusetzen und dann zu entscheiden, wer wofür verantwortlich sein wird.

Verlieren Sie nicht den Mut, wenn der Plan nicht funktioniert. Es ist leicht, die Kinder dafür zu schelten, sich nicht an den eigenen Plan zu halten. Das eine Mal, als ich das tat, wurde die Klasse missmutig und feindselig. Ich lernte schließlich, dass es viel vernünftiger war, ein weiteres Treffen anzuberaumen und herauszufinden, was falsch gelaufen war und wie man es in Ordnung bringen könnte. In anderen Worten, eine einzelne Problemlösungssitzung könnte nicht genug sein. Indem Sie zurück ans Reißbrett gehen, können Sie meist Antworten finden, die Sie beim ersten Mal übersehen haben.

Am Ende meines langen Monologs klingelte die Glocke. Einige Eltern gingen, um andere Lehrer zu treffen, aber ein paar blieben zurück und versammelten sich um mein Pult. Sie wünschten sich die Möglichkeit, noch mehr zu sprechen.

Ein Vater fragte: Denken Sie, dass die Methode, die Sie gerade beschrieben haben, bei Problemen mit den Hausaufgaben helfen könnte?“

„Ihre Antwort auf diese Frage würde mich auch interessieren", sagte eine Mutter, „denn sobald Laura von der Schule nach Hause kommt, bin ich nur noch mit ihren Hausaufgaben beschäftigt."

Ihre Aussage verwirrte mich. „*Sie* sind mit *ihren* Hausaufgaben beschäftigt?"

„Nicht die ganze Zeit", sagte sie. „Aber sollen Eltern ihren Kindern nicht bei den Hausaufgaben helfen?"

„Welche Art von Hilfe?"

„Nun ... wenn Lara von der Schule nach Hause kommt, lasse ich mir ihr Hausaufgabenheft zeigen, und ich gehe die Einträge mit ihr durch und helfe ihr, sich zu organisieren. Heute Nachmittag habe ich sie mit in die Bibliothek genommen und wir haben ein paar ausgezeichnete Bücher für ihren Aufsatz über Eleanor Roosevelt ausgesucht."

Ich war entsetzt. Lara war eine vernünftige, fähige Schülerin. Der Zweck meiner Hausaufgaben war, ihr und den anderen Schülern die Chance zu geben, ihre Zeit selbst einzuteilen, unabhängig zu arbeiten, ihr eigenes Urteil zu trainieren. So taktvoll, wie ich es konnte, sagte ich: „Mir scheint, die beste Hilfe, die wir Kindern geben können, ist indirekte Hilfe. Stellen Sie einen ruhigen Arbeitsplatz zur Verfügung, gute Beleuchtung, ein Wörterbuch, einen Imbiss, wenn ihr Kind hungrig ist und seien Sie einfach verfügbar, wenn das Kind Sie etwas fragen will."

Laras Mutter sah mich mit hochgezogenen Augenbrauen an. Offensichtlich hatte meine kleine Ansprache sie von gar nichts überzeugt. Ich versuchte mich zu erinnern, was meine Eltern mit mir und meiner Schwester gemacht hatten, als wir Kinder waren. Hausaufgaben waren bei uns zu Hause eine ernsthafte Angelegenheit von höchster Dringlichkeit. Wir hatten dieses Ritual: Jeden Tag nach dem Abendessen räumten wir den Küchentisch ab, setzten uns, breiteten unsere Bücher und Papiere aus und machten unsere Hausaufgaben. Es stand nicht zur Diskussion, ob wir sie machen wollten, sollten oder würden. Es war ganz einfach „Hausaufgabenzeit".

Laut sagte ich: „Was würden Sie davon halten, ein abendliches Ritual mit Lara einzurichten? Sie könnte entweder alleine in ihrem Zimmer arbeiten oder vielleicht in Ihrer Nähe, und Stück für Stück könnten Sie sich rar machen und Lara die Führung übernehmen lassen."

„Ich wünschte, es wäre so einfach", sagte Laras Mutter ein wenig irritiert. „Aber es ist ganz einfach so, dass sie ihre Hausaufgaben nicht macht, wenn ich nicht dahinter bin. Sie ..."

„Bitte nehmen Sie es nicht persönlich", unterbrach sie eine andere Frau. „Aber ich finde nicht, dass sie fair gegenüber Ihrer Tochter sind. Meine Mutter hat mich jede Nacht mit den Hausaufgaben gejagt und überwacht, um sicherzustellen, dass ich auch ja alles richtig machte. Manchmal machte sie sie sogar für mich. Nach einer Weile fing ich gar nicht mehr erst mit den Hausaufgaben an, wenn meine Mutter nicht da war. Ich schätze auf irgendeiner Ebene habe ich herausgefunden, dass ich nicht verantwortungsbewusst sein müsste, solange meine Mutter das für mich übernahm. Das ist also der Grund, warum ich mir immer sage: ‚Finger weg!', wenn es um die Hausaufgaben meiner Tochter geht."

Laras Mutter sah fassungslos aus. „Sie meinen, Sie helfen Ihrer Tochter *niemals* bei den Hausaufgaben?"

„Nun, wenn sie nicht weiterkommt, höre ich mir an, was ihr Schwierigkeiten bereitet, und versuche ihr über diese Schwierigkeiten hinwegzuhelfen. Aber sobald sie wieder alleine weiterkommt, ziehe ich mich zurück. Ich möchte, dass ihr klar ist, dass *sie* die Verantwortung für ihre Hausaufgaben trägt und dass sie im Wesentlichen dazu in der Lage ist, sie alleine zu machen."

„Vorausgesetzt, sie macht sie auch", beharrte Laras Mutter. „Aber was, wenn nicht?"

Ohne zu zögern, erwiderte die Frau: „Dann holen Sie sich Hilfe von außen – einen Tutor, einen Schüler aus einer höheren Klasse – oder sagen Sie ihr, sie soll eine Mitschülerin anrufen. Alles um zu vermeiden, was passiert, wenn die Eltern übernehmen und ‚Leidenschaft' für die Hausaufgaben ihrer Kinder entwickeln."

Ein Mann, der aufmerksam zugehört hatte, nickte energisch.

„Was denken Sie?", fragte ich ihn.

„Ich denke an meinen Vater", sagte er. „Es machte ihn fertig, dass ich solche Schwierigkeiten in Mathe hatte. Schließlich entschied er, dass *er* es mir beibringen müsse. Jeden Abend musste ich neben ihm sitzen und mir seine langen Erklärungen anhören. Am Anfang war er immer geduldig, aber wenn ich es dann immer noch nicht verstand, wurde er wütend und erklärte alles noch einmal – nur lauter. Ich habe vielleicht ein bisschen Mathe von ihm gelernt, aber für unser Verhältnis zueinander war es sicher nicht hilfreich. Deshalb mache ich meinem Sohn Tim klar, dass Hausaufgaben seine Aufgabe sind, so wie meine Arbeit meine Aufgabe ist."

Ein anderer Vater forderte ihn heraus: „Aber angenommen, Tim sieht es nicht wie Sie?"

„Nun tatsächlich hat er es mir letztes Jahr schwer gemacht. Als Tim in den Fußballverein eingetreten ist, wurde das zur wichtigsten Sache in seinem Leben, und ich habe einen Brief von seiner Lehrerin bekommen, in dem stand, dass er seine Hausaufgaben nicht gemacht hatte."

„Was haben Sie ihm gesagt?", fragte Laras Mutter.

„Eigentlich habe ich ihm gar nichts gesagt. Ich machte einen Termin für ein Gespräch mit der Lehrerin. Ich dankte ihr dafür, mich zu informieren, aber erklärte ihr, dass es, so wie ich Tim kenne, viel effektiver wäre, wenn Sie ihm einen Brief schriebe, als wenn ich ihm eine Standpauke hielte. Dann gab ich ihr fünf Ausdrucke eines Formulars, das ich getippt hatte. Der Text lautete so:

Lieber Tim,
die folgenden Hausaufgaben fehlen immer noch:

Termine: ____

____

Bitte gib mir morgen früh Bescheid, wann ich sie erhalten werde.

Mit freundlichen Grüßen,

„Ich gab ihr auch fünf adressierte und frankierte Briefumschläge und sagte ihr, wie sehr ich ihre Hilfe schätzte."

Wir alle sahen ihn erwartungsvoll an. „Was ist dann passiert?", fragte ich.

„Der erste Brief überraschte ihn, aber es gelang ihm, ihn zu ignorieren. Aber als der zweite kam und Tim erkannte, dass seine Lehrerin es ernst meinte, fing er an, seine Hausaufgaben abzugeben. Und das tut er bis heute."

„Meine Güte", sagte Laras Mutter in bewunderndem Tonfall, „das haben Sie wirklich gut hinbekommen!"

„Ja, das hat gut funktioniert, aber in diesem Schuljahr habe ich ein anderes Problem. Jetzt wartet er mit den Hausaufgaben bis zur letzten Minute und bleibt bis in die Puppen auf, um sie zu Ende zu bringen. Ich sage ihm ständig, er soll früher damit anfangen, aber er hat immer eine Ausrede parat. Seine Schwester stört ihn oder er bastelt an seinem Modellflugzeug oder er schaut seine Lieblingssendung an."

Laras Mutter wandte sich mir zu. „Frau Langer, Sie haben uns vorhin von Problemlösungen erzählt. Denken Sie, dass diese Vorgehensweise bei Tim helfen könnte?"

„Das könnte sie", sagte ich und wünschte mir plötzlich, Jessie wäre hier.

Tims Vater blickte finster drein. „Wie genau würden Sie da vorgehen?", fragte er.

Alle Blicke richteten sich auf mich. Ich bat Tims Vater zu beschreiben, was normalerweise geschah, wenn er darauf bestand, dass sein Sohn früher mit den Hausaufgaben anfing. Dann diskutierten wir alle darüber, was passieren könnte, wenn Tim und sein Vater sich zusammensetzen und zusammen an einer Problemlösung arbeiten würden. Auf den folgenden Seiten sehen Sie die zwei Szenarios, die wir uns ausmalten.

Der Kampf um die Hausaufgaben

Das Problem gemeinsam lösen

Hören Sie auf die Gefühle und Bedürfnisse des Kindes

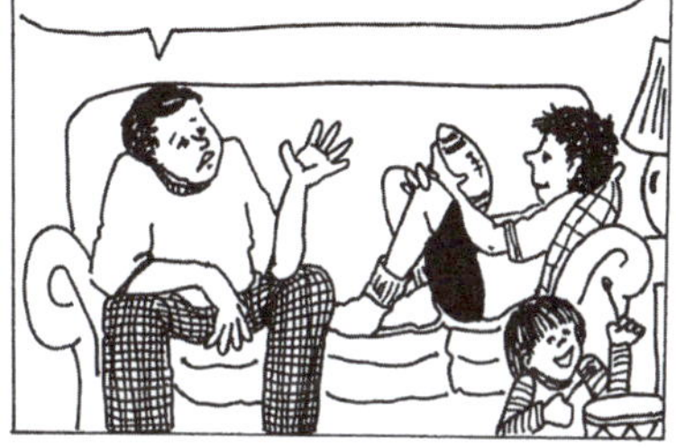

Zeigen Sie Ihr Verständnis

Drücken Sie Ihre Gefühle und Erwartungen aus

Laden Sie das Kind zum Brainstorming ein

Schreiben Sie alle Ideen auf, ohne zu bewerten

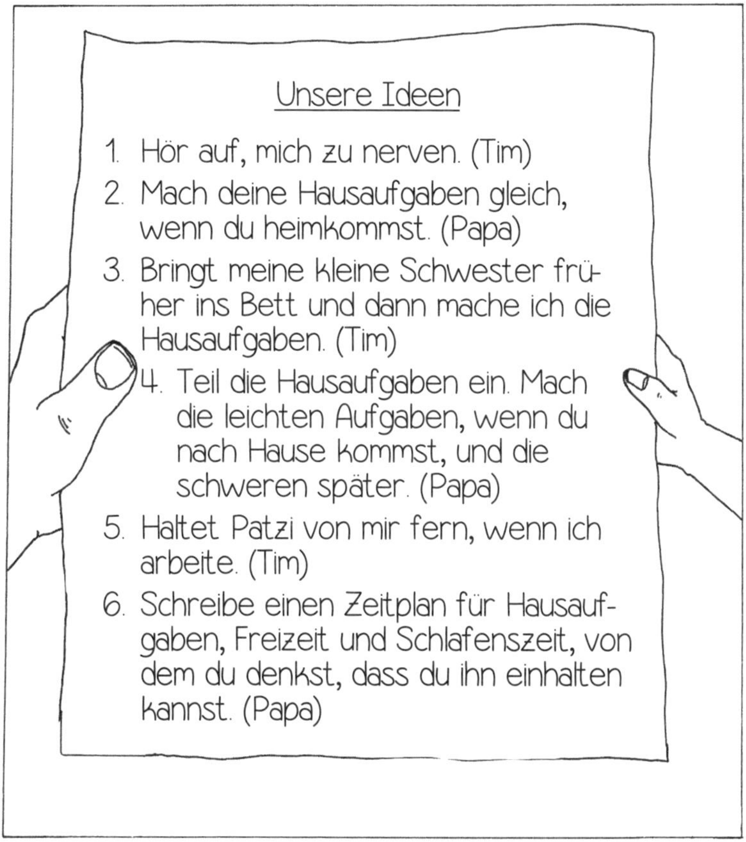

Unsere Ideen

1. Hör auf, mich zu nerven. (Tim)
2. Mach deine Hausaufgaben gleich, wenn du heimkommst. (Papa)
3. Bringt meine kleine Schwester früher ins Bett und dann mache ich die Hausaufgaben. (Tim)
4. Teil die Hausaufgaben ein. Mach die leichten Aufgaben, wenn du nach Hause kommst, und die schweren später. (Papa)
5. Haltet Patzi von mir fern, wenn ich arbeite. (Tim)
6. Schreibe einen Zeitplan für Hausaufgaben, Freizeit und Schlafenszeit, von dem du denkst, dass du ihn einhalten kannst. (Papa)

Entscheiden Sie zusammen mit Ihrem Kind, welche Ideen Ihnen gefallen, welche nicht und wie Sie sie umsetzen wollen

Ein paar Tage nach dem Elternabend rief mich Tims Vater an. Er wollte mir erzählen, was geschah, als er mit seinem Sohn sprach. „Es war ziemlich ähnlich, wie wir es uns vorgestellt hatten", sagte er. „Das einzige Problem war der Plan, den Tim sich ausgedacht hatte. Er wollte täglich *zwei* Stunden fernsehen und um elf ins Bett gehen. Ich sagte ihm, dass ich mich damit nicht wohlfühlte. Also sahen wir uns seinen Plan noch einmal an, und ich half ihm, ihn zu überarbeiten. Wir einigten uns schließlich darauf, dass er eine halbe Stunde früher mit den Hausaufgaben anfangen, eine Stunde fernsehen und um halb zehn im Bett sein würde und dass das Licht um 10 ausgeschaltet werden würde.

Im Laufe der Wochen wuchsen mein Verständnis und meine Bewunderung für den Problemlösungsansatz. Ich begann zu verstehen, dass die langfristigen Vorteile des Prozesses viel größer waren als die sofortigen Vorteile, wie reibungslose Abläufe im Klassenzimmer oder die Lösung hartnäckiger Probleme zu Hause. Wenn wir ein Kind dazu einladen, mit uns gemeinsam ein Problem zu überwinden, senden wir mehrere starke Botschaften:

„Ich glaube an dich."

„Ich vertraue in deine Fähigkeit, vernünftig und kreativ zu denken."

„Ich schätze deine Beiträge."

„Ich sehe unsere Beziehung nicht als die eines ‚übermächtigen Erwachsenen', der Autorität über ein ‚dummes Kind' ausübt, sondern als eine zwischen Erwachsenem und Kind, die gleich sind, nicht was Fähigkeiten oder Erfahrung angeht, aber gleich in ihrer Würde."

Wenn es etwas gibt, das wir all unseren Kindern jetzt und in Zukunft garantieren können, dann sind es Probleme – manchmal eines gleich nach dem anderen. Aber indem wir ihnen beibringen, wie man mit einem Problem umgeht, indem wir ihnen zeigen, wie man es in kleinere handlichere Teile zerlegt, indem wir sie ermutigen, ihren eigenen Einfallsreichtum zur Lösung von Problemen einzusetzen, geben wir ihnen Fertigkeiten, auf die sie sich für den Rest ihres Lebens verlassen können.

Zur Erinnerung

Problemlösung

Zu Hause und in der Schule

1. Hören Sie auf die Gefühle und Bedürfnisse des Kindes.

   Erwachsener: Du scheinst sehr verärgert über deine schlechte Note in dem Spanischtest zu sein.
   Kind: Bin ich! Ich hatte nur zwölf von 20 Worten richtig, dabei habe ich gestern Abend eine Stunde lang gelernt!

2. Fassen Sie den Standpunkt des Kindes zusammen.

   Erwachsener: Du klingst ziemlich entmutigt. Obwohl du versucht hast, all diese neuen Wörter in deinen Kopf zu stopfen, wollten manche einfach nicht hängen bleiben.

3. Drücken Sie Ihre Gefühle und Bedürfnisse aus.

   Erwachsener: Meine Sorge ist, dass du, wenn du dir den Grundwortschatz nicht merkst, immer weiter zurückbleiben wirst.

4. Laden Sie das Kind zum Brainstorming ein.

   Erwachsener: Ich frage mich, ob uns, wenn wir die Köpfe zusammenstecken, neue und effektivere Arten zu lernen einfallen.

5. Schreiben Sie alle Ideen auf – ohne zu bewerten.

   Kind: Ich könnte mit Spanisch aufhören.
   Erwachsener (schreibt): Habe ich notiert. Was noch?
   Kind: Vielleicht könnte ich ...

6. Entscheiden Sie zusammen mit Ihrem Kind, welche Ideen Ihnen gefallen, welche nicht und wie Sie sie umsetzen wollen.

   Erwachsener: Was hältst du von der Idee, Karteikarten zu machen und nur vier Wörter pro Abend zu lernen?
   Kind: Das ist okay. Aber statt Karteikarten würde ich die Wörter lieber aufnehmen und solange üben, bis ich sie kann.

Fragen und Geschichten von Eltern und Lehrern

Fragen von Eltern

1. Ich habe bemerkt, dass Sie die Problemlösung damit beginnen, dass Sie sich den Standpunkt des Kindes anhören. Wäre es falsch, die Reihenfolge umzukehren und zuerst den Erwachsenen seine Sorgen ausdrücken zu lassen?

Das könnte funktionieren. Aber manche Kinder gehen in Verteidigungshaltung und machen dicht, wenn Erwachsene damit beginnen, ihren Ärger auszudrücken. Es ist viel einfacher für Kinder, die Haltung der Erwachsenen zu verstehen und ernst zu nehmen, *nachdem* der Erwachsene *aufrichtige Sorge und Akzeptanz für ihre Gefühle* gezeigt hat.

2. Ich beginne die Problemlösung mit meinen Kindern immer in bester Absicht, aber wenn ich zu dem Teil komme, bei dem ich meine Gefühle ausdrücke, fällt es mir schwer, sie nicht zu beschuldigen und anzuklagen. Irgendwelche Ideen?

Eine Möglichkeit, Beschuldigungen zu vermeiden, ist, das anklagende „Du" zu vermeiden.

„Ihr Kinder macht nie ... Du bist immer ... Das Problem mit dir ist ..." Ersetzen Sie das „Du" stattdessen durch ein „Ich". Zum Beispiel: „So fühle ich mich ... Ich werde wütend, wenn ... Ich würde gerne sehen, dass ..."

Solange sie nicht angegriffen werden, können Kinder dem Ausdruck Ihrer Gefühle zuhören, ohne in die Defensive zu gehen.

3. Ich habe festgestellt, dass meine Kinder mir Vorwürfe machen, wenn ich mit ihnen nach Ideen suche. Zum Beispiel schlage ich vor: „Vielleicht könnte ich dies und jenes tun“, und sie sagen: „Nein, das machst du nicht. Wie letztes Mal, als du ...“, und plötzlich stecken wir in einem langwierigen Streit darüber, was in der Vergangenheit geschehen ist. Lässt sich das irgendwie vermeiden?

Wenn Ihre Kinder anfangen Sie zu beschuldigen, können Sie sie wieder auf die Spur bringen mit einer Aussage wie: „Wir sollten uns nicht gegenseitig beschuldigen für Dinge, die in der Vergangenheit geschehen sind. Wir müssen jetzt alle über eine Lösung für die Zukunft nachdenken.“

4. Ich stecke in einer Situation, die nicht durch Problemlösung bewältigt werden kann. Es vergeht kaum eine Woche, in der mir nicht eines meiner drei Pflegekinder erzählt, dass jemand es in der Schule beleidigt oder geschubst hat oder sich über seine Schuhe, seine Frisur oder die Form seiner Augen lustig gemacht hat. Ich sage ihnen allen, sie sollen diesen Unsinn ignorieren. Was kann ich noch tun?

Eine Verletzung sollte nie ignoriert werden. Ein verwundetes Kind muss wissen, dass jemand seinen Schmerz verstehen kann. Es braucht einen Erwachsenen, der bestätigt, wie beängstigend oder tief verletzend es sein kann, angegriffen zu werden – sei es körperlich oder emotional, egal aus welchem Grund.

Nachdem Sie Ihr Mitgefühl gezeigt haben, können Sie die Unterstützung der anderen Kinder mobilisieren. Bei einem Familientreffen können Sie das Problem gemeinsam angehen. Alle können eine oder mehrere der folgenden Fragen diskutieren:

- Ist euch selbst schon einmal irgendetwas Ähnliches passiert, wie Safiye? Wie habt ihr reagiert?
- Was kann man tun, wenn jemand sich über einen lustig macht? So tun, als hätte man es nicht gehört? Das Thema

wechseln? Zustimmen? Mit Humor reagieren? („Ja, ich habe ziemlich große Ohren. So kann ich das Gras besser wachsen hören.")

- Was kann man tun, wenn man körperlich bedroht wird? Um Hilfe rufen? Schreien: „Achtung, hinter dir!", und schnell weglaufen? Dem Angreifer erzählen, man habe eine ansteckende tödliche Krankheit? Karate lernen?
- Welche Erwachsenen könnten etwas gegen die Angriffe tun? Die Lehrer? Der Direktor? Deine Pflegeeltern? Die Eltern des Angreifers?

Nachdem Sie alle Lösungen aufgeschrieben haben, die sich während Ihrer Diskussion ergeben haben, können die Kinder sie abwechselnd in Rollenspielen ausprobieren, in denen ein Kind ein anderes ärgert oder angreift. Am Ende ihrer Gruppen-Problemlösungssitzung, fühlen sich die Kinder vielleicht alle stärker – als Individuen und als Familie.

Geschichten von Eltern

Die erste Geschichte ist von einer Mutter, welche die Problemlösungsmethode anwendete, um den Druck zu verringern, der auf ihr selbst lastete, und um ihren Kindern mehr Verantwortungsgefühl zu geben.

Letztes Jahr haben meine drei Mädchen (sechs, acht und zwölf) ständig so ein Tamtam darum gemacht, welche Kleidung man tragen „müsse", welche Schuhe man tragen „müsse" und welches Material man für das neue Schuljahr haben „müsse", dass sie mich dazu brachten, mehr auszugeben, als ich mir leisten kann.

Als dieses Jahr die ersten Anzeigen zum Schulbeginn in den Zeitungen erschienen, beschloss ich, ihnen zuvorzukommen. Ich berief ein Familientreffen ein und bat sie, alles aufzuschreiben, von dem sie dachten, dass sie es unbedingt für das neue Schuljahr brauchten. (Wir schrieben auch eine „Wunschliste", mit allem, was sie gerne kaufen würden, wenn die Familie im

Lotto gewinnen würde.) Dann sagte ich ihnen in einfachen Worten, dass ich mich in finanzieller Zurückhaltung üben müsse, damit wir die alltäglichen Notwendigkeiten des Lebens weiter genießen könnten – etwa Essen und ein Dach über dem Kopf.

Sie protestierten zunächst, aber nach einer Weile fielen ihnen alle möglichen Vorschläge dazu ein – alles, von „Wir backen Kekse und verkaufen sie in der Nachbarschaft" bis zu „Wir könnten unsere eigenen Kleider nähen – aber du musst uns eine Nähmaschine kaufen." Die Idee, die ihnen am Schluss am besten gefiel, kam von Jessica, meiner Zwölfjährigen. „Gib einfach jedem von uns das Geld und wir kümmern uns selbst darum." Sie meldete sich sogar freiwillig, ihren Geschwistern bei der Planung ihrer Ausgaben zu helfen.

Ich stimmte zu, obwohl ich meine Zweifel hatte. Ich bin mir nicht sicher, ob die Jüngeren alle Folgen ihres Vorschlags verstehen, aber er zeigt bereits Wirkung bei Jessica. Ich half ihr, sich einen Pullover zu kaufen und zeigte auf einen hübschen blauen. Sie griff sofort nach dem Preisschild und sagte: „Mama, ich fasse es nicht. Der ist doch viel zu teuer!"

*

Die nächste Geschichte stammt von einer Mutter, die mit den Trennungsängsten ihrer Dreijährigen umging.

Alle anderen Mütter gaben ihre Kinder mit einem fröhlichen Tschüss bei der Kita ab, aber Aylin wurde hysterisch, sobald ich mich in Richtung Tür bewegte. Sie lief mir nach, klammerte sich an meinen Arm und weinte herzerweichend. Ich begann ungeduldig zu werden. Das Kita-Jahr hatte vor drei Wochenbegonnen und ihr Verhalten wurde nicht im Geringsten besser.

An einem Morgen beschloss ich die Problemlösungsmethode anzuwenden. Nach dem Frühstück setzte ich sie auf meinen Schoß und sagte: „Aylin, es gefällt dir sehr, wenn ich mit dir in der Kita bleibe und (ich sagte ‚und', nicht ‚aber') heute muss ich gehen, um den Haushalt zu machen. Also habe ich mich gefragt, was wir tun könnten."

Sie sah mich verblüfft an. Ich sagte: „Würde es helfen, wenn du deinen Teddybären dabeihättest?“ Sie schüttelte den Kopf und sagte Nein. „Wie wäre es mit meinem wuscheligen Schal?“ Sie schüttelte wieder den Kopf und presste ihr Gesicht an meine Schulter.

„Du bleibst“, sagte sie. Und dann, eine Minute später: „Geh. Aber ich will elfzig Umarmungen.“

Plötzlich hatte ich eine Eingebung. Ich nahm ihre Hand, küsste ihre Handfläche und schloss sie. Ich sagte: „Jetzt hast du meinen Kuss. Schnell, steck ihn in die Tasche. Und immer, wenn du mich vermisst, kannst du ihn herausnehmen und dir selbst einen Kuss von Mami geben. Wie findest du das?“

Ihr Gesicht erhellte sich. Sie steckte ihren „Kuss“ tief in ihre Tasche und an diesem Morgen ließ sie mich zum ersten Mal gehen.

*

Dieses nächste Gespräch wurde uns vom Vater eines 14-jährigen Jungen berichtet, den seine Freunde unter Druck setzten, er solle Alkohol trinken.

Mein Sohn Mats weiß, wie ich über Drogen und Alkohol denke. Ich habe immer versucht ihn sachlich zu informieren – nicht, ihm Angst zu machen. Vor Kurzem kamen mir Gerüchte zu Ohren, dass die Jungen nach der Schule zu diesem bestimmten Haus gingen, wenn ihre Eltern nicht da waren, und dort tranken. Als ich Mats zum Basketball fuhr, erzählte ich ihm, was ich gehört hatte, und fragte ihn, ob es stimmte. Er sah mich unbehaglich an, antwortete aber nicht.

„Hast du schon einmal getrunken?“, fragte ich.

„Ich habe einmal ein Bier getrunken“, sagte er.

Bevor ich irgendetwas sagen konnte, platze es aus ihm heraus: „Papa, ich musste! Sonst hätten sich alle über mich lustig gemacht.“

Ich wollte sagen: „Und wenn sich alle über dich lustig machen, weil du nicht von der Brücke springst, springst du dann?“ Stattdessen sagte ich: „Du stehst also ziemlich unter Druck wegen deiner Freunde."

„Das kannst du laut sagen!", sagte er. „Du solltest hören, wie sie die Leute nennen, die nicht trinken."

Ich sagte ihm, dass ich sein Problem verstand, aber ich sagte auch: „Du weißt, was ich von Drogen denke. Und Alkohol ist eine Droge. Selbst wenn es legal wäre, in deinem Alter zu trinken, wäre ich dagegen. Du hast mir gesagt, dass es dir nicht gefällt, wenn ich dich ‚kontrolliere'. Aber was ich bei Jugendlichen und Erwachsenen beobachtet habe, ist, dass der Alkohol manchmal die Kontrolle übernimmt."

„Wie soll ich mich also deiner Meinung nach verhalten?", fragte er streitlustig. „Etwas Dummes sagen, wie: ‚Ich muss nicht high sein, um das Leben zu genießen'?"

Ich sagte: „Ist das das Problem? Wie man Nein sagen kann und trotzdem Teil der Gruppe bleibt?"

Mats zuckte mit den Schultern, aber ich wusste, dass es das war. Während der restlichen Fahrt, probierten wir verschiedene Formulierungen aus, mit denen er einen Drink auf diplomatische Weise ausschlagen könnte. Die, welche Mats am wenigsten spießig fand, war: „Danke, vielleicht später."

Und wenn er gedrängt würde, sollte er es auf seine Eltern schieben: „Ihr kennt meinen Vater nicht. Er würde mich umbringen, wenn er den Alkohol in meinem Atem riechen würde. Ich hätte den Rest meines Lebens Hausarrest!"

Mats kicherte darüber und sagte mir herzlich: „Danke, Papa", als ich ihn am Sportplatz absetzte.

Fragen von Lehrern

1. Muss man alle Schritte des Problemlösungsprozesses durchmachen, damit es funktioniert?

Nicht unbedingt. Ein Lehrer beschrieb uns, wie der neunjährige Semih, ein ernster, fleißiger Schüler, jedes Mal wütend wurde, wenn die anderen Schüler in seiner Forschungsgruppe herumalberten oder nicht mehr mitarbeiteten – selbst wenn es nur für ein paar Minuten war. Eines Tages verlor er völlig die Kontrolle und warf Bücher und Papiere auf den Boden.

Die Lehrerin entschied, dass diese letzte Entwicklung nach dem vollständigen Problemlösungsprozess verlangte.

Sie setzte sich mit ihm zusammen und begann mit: „Semih, ich kann sehen, wie sehr es dich aufregt, wenn die anderen Kinder in deiner Gruppe anfangen, herumzuwitzeln. Wenn du einmal mit einem Projekt angefangen hast, möchtest du keine Unterbrechungen mehr."

Fast im selben Moment antwortete Semih: „Ja, weil ich fertig werden möchte, und wegen ihnen vergesse ich, was ich tue." Dann, nach einer kurzen Pause, stand er auf und sagte: „Kann ich nach hinten an einen Einzeltisch gehen und alleine arbeiten, wenn sie anfangen, Blödsinn zu machen?"

Die Lehrerin stutzte. „Denkst du, das würde helfen?" Er nickte und sagte: „Dadurch werde ich nicht so wütend und werfe nicht mit Dingen." Und von diesem Moment an, war dies die Art, auf die Semih mit dem Thema umging.

2. Lina, eine meiner Schülerinnen, denkt nie daran, ihre Bücher mit in die Schule zu bringen. Ich habe versucht, das Problem mit ihr zu lösen, aber das führte zu nichts. Sie witzelte nur herum und benahm sich albern. Irgendwelche Tipps?

Wenn ein Kind ihren Versuchen, das Problem zu lösen, widersteht, kann eine Nachricht, die denselben Regeln folgt, eine wirksame Alternative sein. Sie könnten zum Beispiel schreiben:

Liebe Lina,

du hast mir erzählt, dass es dir schwer fällt, daran zu denken, deine Bücher mit in die Schule zu bringen und dass du sie manchmal „einfach vergisst".

Ich muss mir sicher sein können, dass all meine Schüler ihre Bücher jeden Tag dabeihaben, sodass sie mitarbeiten können.

Bitte denk dir eine Methode aus, wie du dich selbst daran erinnern kannst, jeden Morgen deine Bücher mitzubringen. Ich werde auch nachdenken. Lass uns dann darüber austauschen und sehen, welche Idee du in die Tat umsetzen willst.

Mit freundlichen Grüßen

Frau G.

3. Wenn ein Lehrer und ein Schüler zusammen über mögliche Lösungen nachdenken – ist es wirklich nötig die Ideen aufzuschreiben? Reicht es nicht, sie sich einfach gegenseitig zu erzählen?

Manchmal ja. Aber unterschätzen Sie nicht den Rausch aus Stolz und Glück, der in einem Kind aufwallt, wenn es sieht, dass seine Ideen so ernst genommen werden, dass sein Lehrer sie aufschreibt. Der Anblick seiner Worte auf dem Papier vermittelt ihm nicht nur die Anerkennung seines Denkprozesses, sondern inspiriert ihn auch dazu, weiter kreativ zu denken.

4. Letzte Woche habe ich mit einem Mädchen versucht, das Problem ihres ständigen Zuspätkommens zu lösen. Wir machten stetig Fortschritte, bis wir zu dem Teil kamen, an dem wir zusammen Ideen finden sollten. Ich bot sofort zwei ausgezeichnete Vorschläge an. Sie zog sich sofort zurück. Was ist schiefgegangen?

Es ist stets eine gute Idee, erst einmal zu warten, nachdem man ein Kind dazu eingeladen hat, Ideen zu suchen. Lassen Sie das Kind die ersten Vorschläge machen. Ihr Schweigen ist eine Einladung, ein Zeichen des Respekts, eine Weise, auszudrücken, dass Gedanken Zeit brauchen, um sich zu formen und zu wachsen. Wenn ein Erwachsener zu schnell vorprescht – selbst mit „ausgezeichneten" Vorschlägen –, fühlt sich das Kind oft weniger in der Lage dazu, selbst einen ausgezeichneten Vorschlag zu machen.

5. Ich mache mir Sorgen wegen der steigenden Zahl von gewalttätigen Zwischenfällen an meiner Schule – manchmal reicht es schon, wenn ein Schüler einen anderen unfreundlich anschaut. Nachdem Problemlösungsfertigkeiten so effektiv im Umgang mit Schülern sind – wieso können wir sie nicht den Kindern beibringen, sodass sie sie auch selbst anwenden können?

Es wird Sie freuen zu hören, dass Kinder ab dem Kindergartenalter Streitschlichtungskurse besuchen können, in denen Konfliktlösungsstrategien unterrichtet werden. Eine wachsende Zahl von Unterrichtenden ist der Ansicht, dass mit Meinungsverschiedenheiten umzugehen und sie friedlich zu lösen es, angesichts der Tatsache, dass sich Konflikte zwischen Menschen nie ganz vermeiden lassen, ein ebenso wichtiger Unterrichtsinhalt ist wie Mathematik oder Sozialkunde. Lehrer an Schulen, die solche Kurse anbieten, berichten:

Was ich an den Streitschlichterkursen mag, ist, dass die Kinder ihr eigenes Temperament besänftigen. Und das gibt mir die Freiheit zu unterrichten.

Es gefällt mir sehr, diese Fünft- und Sechstklässler zu sehen, mit ihren Klemmbrettern und den orangefarbenen „Streitschlichter"-T-Shirts. Seit wir die Kurse eingerichtet haben, sind der Speisesaal, der Pausenhof und die Klassenzimmer zu viel friedlicheren Orten geworden.

Es erstaunt mich, wie nach einem 15-stündigen Kurs, einige der schlimmsten Kinder der Schule zu den besten Mediatoren werden. Ich denke, sie kommen besser als wir mit den Kindern zurecht, die „über die Stränge schlagen", weil sie dieselbe Sprache sprechen.

Alle scheinen darin übereinzustimmen, dass junge Menschen, welche die Fähigkeit beherrschen, einander respektvoll zuzuhören und welche einen Konflikt eher als ein Problem sehen, das gelöst werden muss, statt als einen Kampf, der gewonnen werden muss, unsere größte Hoffnung für eine friedvolle Zukunft sind.

Geschichten von Lehrern

Die erste Geschichte veranschaulicht, wie der Problemlösungsansatz einer Lehrerin geholfen hat, zur Wurzel eines Problems vorzudringen.

Luisa ist eine entzückende Zwölfjährige, außer wenn wir Mathe durchnehmen. Dann verwandelt sie sich in eine fordernde Heulsuse, die nicht alleine arbeiten kann. Sozusagen Mathephobie!

Im Laufe des Schuljahres habe ich jede erdenkliche Strategie ausprobiert, um ihr Selbstbewusstsein zu stärken. Ich ließ sie sogar testen, damit sie besondere Hilfe bekommen könnte, falls sie sie brauchte. Aber ihre Punktzahl war zu hoch für den Förderunterricht. Schließlich ignorierte ich sie. Das Ergebnis? Sie stellte die Mitarbeit komplett ein. Aus purer Verzweiflung entschied ich, die Problemlösungsmethode anzuwenden. Das Folgende ist passiert:

Ich: Luisa, ich weiß, wie viele Sorgen dir Mathe bereitet.

Luisa: Ja, das tut es. Ich hasse Mathe einfach.

Ich: Weil es manchmal zu schwer erscheint?

Luisa: Ja ... und ich mache Fehler.

Ich: Und das ärgert dich.

Luisa: Ja, weil Sie dann wütend auf mich sind. Letztes Jahr hat Herr G. mich angeschrien, weil ich dumm bin und so viele Fehler mache.

Ich war fassungslos.

Ich: Ist es das, was dir Sorgen macht? Denkst du, dass ich auch schreien werde?

Luisa: (mit feuchten Augen) Mhm ...

Ich: (ihre Hände in meine nehmend) Luisa, du musst dir selbst die Erlaubnis geben, viele Fehler zu machen. Das ist etwas, das alle guten Schüler wissen. Fehler können hilfreich sein. Nervig, aber hilfreich.

Luisa: Hilfreich?

Ich: Ja, weil sie dir sagen, was du noch lernen musst. Außerdem kann ein Fehler manchmal zu einer Entdeckung führen. Denke nur daran, was Columbus durch seinen Fehler entdeckt hat.

Luisa: (breit lächelnd) Amerika! ... Sie werden also nicht wütend, wenn ich die falsche Antwort gebe?

Ich: Nein, Luisa. Ich wünschte nur, es gäbe eine Möglichkeit, wie du deine Matheaufgaben machen könntest, ohne dir so viele Sorgen darüber zu machen, ob sie „richtig" sind.

Luisa: Vielleicht könnte ich versuchen, die Lösung selbst zu finden ... aber wenn ich es nicht schaffe?

Ich: Dann helfe ich dir. Und wenn ich beschäftigt bin, kann dir vielleicht deine Freundin Claudia helfen.

In den nächsten Wochen konnte ich sehen, wie Luisa länger und härter alleine arbeitete. Sie fragte, ob sie neben Claudia sitzen könne, aber sie verglichen ihre Antworten nicht, ehe Luisa mit den Aufgaben fertig war. Ich glaube, was ihr geholfen hat, die Kurve zu kriegen, war nicht so sehr die Nähe ihrer Freundin als vielmehr das Wissen, dass es keine Katastrophe darstellt, einen Fehler zu machen.

*

Dieses zweite Beispiel kam von einer Sonderschullehrerin, die in der Innenstadt unterrichtete. Sie berichtete:

„Viele meiner Kinder haben körperlichen und geistigen Missbrauch erlebt. Wenn sie in die Schule kommen, sind sie wie Böller, die jeden Moment explodieren können. Ich komme durch keine Unterrichtsstunde, ohne dass ein Kampf ausbricht. Einer sagt: ‚Du bist dumm', oder: ‚Deine Mutter', oder jemand tritt jemanden unter dem Tisch und schon kann ich meinen Unterricht vergessen."

Trotz ihrer Zweifel entschied sie sich, die Problemlösungsmethode zu probieren, um zu sehen, was sie bewirkte. Das Folgende sind Auszüge aus ihren schriftlichen Notizen.

Wenn der erste Schritt zur Problemlösung darin bestand, herauszufinden, wie sich die Kinder wirklich dabei fühlten, wenn sie kämpften, sollte ich damit beginnen, sie zu fragen, was gut am Kämpfen sei. Hier ist die Liste, die wir entwickelt haben:

Was gut am Kämpfen ist:

1. Es jemandem heimzahlen!! (dieser Punkt war mit Abstand am populärsten)
2. Jemanden in Schwierigkeiten bringen
3. Jemanden dazu bringen, einen zu jagen
4. Anschnauzen (beleidigen) ist lustig
5. Sie werden dich ab jetzt in Ruhe lassen
6. Dir ist einfach danach
7. Sie haben zuerst angefangen
8. Der Unterricht ist langweilig (Beitrag der Lehrerin)
9. Jemanden wütend machen
10. Es macht Spaß, sich wild zu verhalten

Sie waren ziemlich ausgelassen, während wir an der Liste arbeiteten. Dann fragte ich: „Was ist schlecht am Kämpfen?", und sie wurden ernst.

Was schlecht am Kämpfen ist

1. Nach einem Streit fühlt man sich schlecht, wenn es ein Freund war
2. Man kann Ärger bekommen – mit Eltern, Lehrern, dem Direktor
3. Es verschlechtert die Laune des Lehrers (Beitrag der Lehrerin)
4. Jemand könnte verletzt werden
5. Man kann einen Verweis bekommen
6. Man kommt nicht zum Lernen (Beitrag der Lehrerin)
7. Es könnte ein noch schlimmerer Kampf entstehen
8. Du könntest verletzt werden – zusammengeschlagen, gekratzt, gebissen, blaues Auge

Dann machten wir uns daran, uns Lösungen auszudenken. Bei manchen Vorschlägen überlegte ich es mir zweimal, ob ich sie aufschreiben sollte. Doch dann erinnerte ich mich, dass es wichtig war, keine ihrer Ideen zurückzuweisen.

Mögliche Lösungen

1. Fragen, ob man rausgehen und Dampf ablassen darf
2. Ihn schlagen
3. Weggehen
4. Den Ton aus dem Kunstunterricht zerstampfen
5. Fingerhanteln drücken
6. Einen Stock zerbrechen
7. Seine Mutter anrufen
8. Sie den Kampf ohne Publikum in der Turnhalle austragen lassen
9. Es dem Lehrer sagen

10. Den Platz wechseln
11. Ihm sagen, dass er dich allein lassen soll
12. Ihn ins Direktorat schicken
13. Ihn etwas 100-mal schreiben lassen
14. Ihn den Fußboden lecken lassen
15. Jeder darf ihn einmal schlagen
16. Sticker an die Schüler verteilen, die sich an die Regeln halten
17. Ihm etwas Gemeines schreiben
18. Ihm etwas Nettes entgegnen, damit er sich schämt

Nachdem wir alle 18 Ideen aufgelistet hatten, machte ich zu manchen Bemerkungen. Zum Beispiel sagte ich ihnen, dass ich nicht erlauben könnte, dass sie den Kampf austragen, weil ich nicht wollte, dass sie sich gegenseitig verletzen. Außerdem erschien es mir nicht sehr hygienisch, den Boden zu lecken. Alle hatten eine ausgeprägte Meinung zu den restlichen Punkten. Jeder bevorzugte dabei eine andere Lösung. Nach einer weiteren Diskussion und weiteren Vorschlägen, vereinbarten wir, dass jeder Schüler die Lösungen in sein Heft schreiben sollte, die ihm am sinnvollsten erschienen.

Am Ende der Stunde schrieben wir die Regeln an die Tafel, auf die wir uns alle einigen konnten:

1. **Keine Beleidigungen**
2. **Kein Fluchen**
3. **Nicht petzen, außer der andere lässt einem gar keine Ruhe**
4. **Kein Schlagen oder mit Dingen werfen**
5. **Wende deine eigenen Lösungen an!!!**

Hier sind die Ergebnisse dieses Tages:

- Luis, der die kürzeste Lunte hat, geht mehrmals die Woche aus dem Zimmer. Er bleibt in der Tür stehen, sodass er nichts verpasst. Nach einer Weile kommt er herein und setzt sich in die hinterste Bank. Nach ein paar weiteren Minuten, setzt er sich wieder auf seinen Platz.
- Hin und wieder steht ein Schüler auf und sagt: „Carlos, tausch mit mir!“, und wechselt seinen Platz. (Carlos ist recht gutmütig, wenn es ums Tauschen geht.)
- Zwei Mal hat ein Schüler Ton zerstampft.
- Einmal hat Oskar gesagt: „Geben Sie ihm den Ton, damit er ihn zerstampfen kann!"
- Wenn ein Schüler einen anderen beleidigt, ruft die Klasse: „Regel Nummer eins!“, oder: „Regel Nummer zwei!“ Sie sagen auch: „Lassen Sie ihn die Regel lesen!“, und der „Übeltäter“ wird die Regel lesen.
- Sie haben auch beschlossen, dass sie nicht einmal den Mülleimer beleidigen würden. (Einmal sagte Oskar: „Deine Mutter“ zum Mülleimer und Luis dachte, Oskar meine ihn damit, und so begann ein Streit, daher ergänzte die Klasse eine neue Regel, die besagte, man dürfe keine „Dinge“ beleidigen.)

Ich wünschte, ich könnte sagen, dass es mir ganz natürlich von der Hand ging, diesen Ansatz in die Tat umzusetzen. Das tat es nicht. Ich musste nachdenken, mich anstrengen und viel mehr Zeit darauf verwenden, als ich wollte. Es wäre viel einfacher für mich gewesen, diese Kinder als „unverbesserlich“ oder „hoffnungslos“ abzuschreiben. Aber dadurch, dass ich sie als „Problemlöser“ behandelt habe, wurden sie genau das.

5.

Lob, das nicht herabsetzt, Kritik, die nicht verletzt

„Bitte ... setzen Sie sich. Wir haben viel zu besprechen." Ich rutschte nervös auf dem Stuhl vor dem Schreibtisch des Direktors hin und her.

„Frau Langer, wie Sie sicherlich wissen, haben Sie während der ersten drei Jahre als Lehrerin Probezeit. Drei Jahre lang werden Sie jedes Jahr mindestens drei Beurteilungen erhalten. Dies ist die erste. Ich möchte, dass Sie wissen, dass ich in Ihnen viel Potenzial sehe ... *aber*, Sie werden für ihre Festanstellung arbeiten müssen. Jetzt ist die Zeit, in der Sie aus Ihren Fehlern lernen können. Lassen Sie uns die Stunde vom Montag ansehen und schauen, was falsch gelaufen ist."

Er zog eine Mappe aus einem Aktenschrank auf die „auf Probe" in roten Blockbuchstaben gestempelt war. Dann lehnte er sich in seinem Stuhl zurück und blätterte, die Brille auf dem Nasenrücken balancierend, durch die zahlreichen Notizen, die er sich gemacht hatte, während er meiner Stunde beigesessen hatte.

„Mal sehen ... Ich glaube das Ziel, Ihrer Stunde war, den Kindern beizubringen, wie man einen Brief schreibt. Habe ich recht?"

„Ja, Herr Stahl." (Worauf wollte er hinaus?)

„Sie haben den Schülern gesagt, dass Sie ein Buch mit den Namen und Adressen von Prominenten hätten, sodass sie ihrem Lieblingspromi schreiben könnten. Das war Ihr erster Fehler. Sobald Sie ihnen von der Möglichkeit erzählt hatten, Kontakt zu einem Prominenten aufzunehmen, hörten sie Ihnen nicht mehr zu und sprachen miteinander. Sie haben sie verloren. Statt sich auf den Plan zum Schreiben von Briefen zu konzentrieren, diskutierten sie Promis. Für die Zukunft empfehle ich Ihnen, sich bei Entscheidungen, die den Lehrplan betreffen an den Richtlinien des Bildungsministeriums zu orientieren. Wenn Sie diesen Richtlinien mit ihren Schülern folgen, werden diese besser auf den landesweiten Schreibtest im Frühling vorbereitet sein. Solange Sie an dieser Schule unterrichten, müssen Sie die Vorgaben so umsetzen, wie sie in den Richtlinien stehen."

Ich versuchte mich zu verteidigen: „Ich dachte, wenn ich ein wenig Begeisterung für das Briefeschreiben heraufbeschwören würde ..."

„Das bringt uns zu meinem nächsten Punkt. Die Begeisterung der Schüler führte zu einer Reihe unangemessener Verhaltensweisen. Während ihrer halbstündigen Unterrichtseinheit wurden drei Nachrichten durchgereicht, Geräusche mit dem Mund wurden gemacht, es wurde auf einen Tisch gehauen, und ein Schüler stand auf, um mit einem seiner Mitschüler zu sprechen. War Ihnen bewusst, dass all diese Aktivitäten sich im hinteren Teil Ihres Klassenzimmers abspielten?"

„Nun, ja ... aber die Kinder waren nur etwas aufgeregt, Herr Stahl."

Er lehnte sich in seinem Stuhl vor. „Frau Langer, wir haben spezifische Verhaltensvorschriften für unsere Klassenzimmer. Vielleicht ist Ihnen nicht bewusst, wie schnell ein Problem eskalieren kann. Schüler in diesem Alter sind sehr sprunghaft. Wenn man sie nicht bei der Stange hält, kann die Situation schnell außer Kontrolle geraten. Selbst wenn Sie mit dieser Idee mit den Prominenten arbeiten, können Sie das verbessern. Ich empfehle, Sie konzentrieren sich in Ihrer Stunde auf die korrekte Art und Weise einen Brief zu schreiben und verbringen weniger Zeit damit, zu diskutieren, wer der Lieblingsstar Ihrer Schüler ist."

Die Stimme der Sekretärin kam aus der Sprechanlage: „Herr Stahl, der Leiter der Schulaufsichtsbehörde ist am Apparat. Möchten Sie den Anruf annehmen oder soll ich mir eine Nachricht geben lassen?"

Herr Stahl sah auf seine Uhr. „Ich sollte lieber rangehen", sagte er, während er durch seine Notizen blätterte. „Nun ... es gibt noch einige weitere Punkte, die ich mit Ihnen diskutieren möchte, aber vielleicht haben Sie erst einmal genug, mit dem Sie arbeiten können. Ich schlage vor, Sie wohnen einmal Frau Hardings Unterricht bei. Sie ist eine gute Lehrerin. Man könnte in ihrem Zimmer eine Stecknadel fallen hören. Lassen Sie uns ein zweites Treffen für morgen vereinbaren, sodass wir die kleinen Ungereimtheiten ausbügeln können."

Zurück in meinem leeren Klassenzimmer, schloss ich die Tür hinter mir und sah gedankenlos den Stapel Papiere auf meinem Schreibtisch durch. Tränen traten mir in die Augen. Gefiel ihm überhaupt nichts an meinem Unterricht? Sicher, die Kinder waren etwas wild, aber mir war es lieber, sie begeisterten sich für das Thema, als dass sie komatös auf ihren Plätzen vegetierten. Ich wollte, dass es sie interessierte, worüber sie schrieben, egal ob es an eine Berühmtheit, einen Freund oder jemanden im Parlament war. *Was* sie schrieben, war doch wohl ebenso wichtig wie die Frage, *wie* sie schrieben? Ich sah wieder auf den Stapel unkorrigierter Briefe auf meinem Schreibtisch, nahm meinen roten Stift und legte ihn wieder ab. Ich hatte kein Verlangen, diese Papiere zu benoten. Kein Verlangen zu unterrichten. Kein Verlangen, je wieder einen Fuß in ein Klassenzimmer zu setzen. Ich hörte, wie jemand an die Tür klopfte. Es war Maria, die eine Mappe voll mit Zeichnungen von Schülern trug. „Entschuldige, dass ich dich störe", sagte sie fröhlich, „aber könnte ich deinen Hefter ausborgen?"

„Sicher."

„Bist du okay?", fragte Maria und starrte mich an.

„Ich hatte nur einen harten Nachmittag. Ich weiß nicht ... Ich denke mir so langsam, ich hätte lieber ins Büro statt an die Schule gehen sollen."

„Wie kannst du so was sagen? Du bist eine tolle Lehrerin. Eine der besten! Ich finde, du bist herausragend!"

Ich sah zu Maria auf. Sie lächelte auf mich herab und wartete darauf, dass ich zurücklächelte. Ich schaffte es zu murmeln: „Danke, Maria", und gab ihr den Hefter.

Kurz nachdem sie gegangen war, kam Jessie herein. „Du siehst aus, als hätte dir jemand in den Magen getreten", stellte sie fest.

Ich sagte mir, ich sollte mich „professionell" verhalten und Jessie nicht meine Sorgen aufladen. Aber nach einem Blick in ihr Gesicht, platzte die ganze Geschichte aus mir heraus. Jessie hörte zu und schüttelte mitfühlend den Kopf.

„Und um dem Ganzen die Krone aufzusetzen", sagte ich unter Tränen, „sagte er, ich sei zu animiert, dass ich meine Klasse nicht unter Kontrolle hätte und dass ich bei Frau Harding beisitzen sollte, um zu sehen, wie ein *guter* Lehrer unterrichtet."

„Frau Harding?", spottete Jessie.

„Er sagte, man könne in ihrem Klassenzimmer eine Stecknadel fallen hören."

„Das liegt daran, dass die Kinder schlafen."

„Jessie", platzte es aus mir heraus, „mach keine Witze. Ich bin am Boden zerstört."

„Ich weiß ... ich weiß. Ich ärgere mich nur, dass du als Ziel für Stahls verzerrte Vorstellung von ‚konstruktiver Kritik' herhalten musstest."

„Maria war gerade da", schniefte ich, „sie ist so ein Schatz. Sie hat versucht mich aufzumuntern. Hat mir gesagt, ich sei eine tolle Lehrerin."

„Aber du hast ihr nicht geglaubt."

„Ich wollte. Aber als sie das sagte, konnte ich nur an die Gelegenheiten denken, als ich nicht so toll war."

„So scheint es zu laufen", seufzte Jessie. „Kritik kann einen fertigmachen. Und Lob wie: ‚Du bist toll ... fantastisch ... großartig ist für jedermann einfach zu viel."

„Ich weiß. Ich wollte Maria sagen, dass sie ganz im Unrecht sei über mich."

„Weil es schwer ist, so außergewöhnliches Lob zu akzeptieren. Ist dir einmal aufgefallen, wie unwohl man sich plötzlich fühlt, wenn jemand einen bewertet? Ich weiß, wenn mir jemand sagt, ich sei ‚gut' oder ‚hübsch' oder ‚schlau', kann ich nur noch an die Gelegenheiten denken, bei denen ich schlecht war oder mich hässlich gefühlt oder etwas Dummes getan habe."

„Genau das ist mir passiert! Als Maria darauf bestand, dass ich ‚die Beste' sei, dachte ich an letzten Montag, als ich müde zur Schule kam, schlecht vorbereitet und entsetzt darüber, dass der Direktor mir eine Überraschungsvisite abstatten wollte."

Jessie lachte laut. „Sie hat es gut gemeint. Die Leute meinen es immer gut, wenn sie dich loben. Sie wissen nur nicht, wie."

„Was kann man da wissen?"

„Dass man, statt zu bewerten, beschreiben sollte, was jemand getan hat."

„Es beschreiben?"

„Genau. Man muss beschreiben – detailliert – was genau die Person getan hat."

„Ich verstehe es nicht. Gib mir ein Beispiel."

Jessie sah mich konzentriert an. „Okay", sagte sie, „Lisa, deine Aufgabe war, deiner Klasse beizubringen, wie man einen formellen Brief schreibt, und du hättest dazu leicht eine Standartstunde abhalten können. Aber du wusstest, dass es Kinder normalerweise nicht unbedingt anmacht, wenn sie von Betreffzeilen und Grußformeln hören. Also hast du über das Thema nachgedacht und dir ist eine Möglichkeit eingefallen, die Fantasie deiner Schüler zu befeuern und sie mit Leidenschaft, einem klaren Ziel *und* in der korrekten Form schreiben zu lassen."

Ich richtete mich auf meinem Stuhl auf. „Genau das *habe* ich getan!", rief ich aus. „Es hätte leicht eine langweilige Stunde werden können, aber ich habe die Kinder begeistert und involviert. Und sie *haben* gelernt, wie man einen formellen Brief schreibt ... Weißt du was? Es ist mir egal, was irgendjemand sagt. Es war eine sehr gute Stunde."

„Aha!", sagte Jessie triumphierend. „Schau, was gerade passiert ist! Ich habe nur beschrieben, was du getan hast, und du hast dich, als du erkannt hast, dass meine Worte zutreffen, selbst gelobt."

Maria kam mit dem Hefter zurück und entschuldigte sich dafür, uns zu unterbrechen.

„Maria“, sagte ich, „geh nicht. Du musst hören, was mir Jessie über Lob erzählt hat. Ich will wissen, was du dazu denkst. Jessie, bitte sag alles noch mal.“

Jessie ließ sich überreden. Sie erzählte Maria, dass Kinder Schwierigkeiten haben, Lob zu akzeptieren, das sie bewertet. Sie sagte: „Einem Kind zu sagen: ‚Du bist so ordentlich‘, führt normalerweise zu: ‚Stimmt nicht.‘ Aber die Art von Lob, die ein Kind ‚aufnehmen‘ kann und die wirklich sein Selbstbewusstsein aufbaut, kommt in zwei Teilen. Erst *beschreibt der Erwachsene, was das Kind getan hat.* (‚Ich sehe, ihr seid auf die Schule morgen vorbereitet. Ihr habt eure Hausaufgaben gemacht, eure Bleistifte gespitzt, eure Bücher eingepackt und sogar euer Pausenbrot gemacht.‘) Als Zweites *lobt sich das Kind, nachdem es gehört hat, wie seine Leistung beschrieben wird.* (‚Ich kann gut organisieren und vorausplanen.‘)

Maria sah bekümmert aus. „Ich verstehe nicht“, sagte sie. „Ich weiß nur, dass es nicht gut war, so wie ich es als Kind erlebt habe. Meine Eltern glaubten, dass sie nichts Nettes zu ihren Kindern sagen sollten, weil es ihnen zu Kopf steigen könnte. Aber ich denke, Kinder sollten Komplimente bekommen. Es hilft ihnen dabei, stolz auf sich selbst zu sein. Ich sage Marco und Alina immer, wie gut sie sind und wie schlau sie sind.“

Sehr sanft sagte Jessie: „Du wolltest also, dass deine Kinder etwas bekommen, was du nie hattest.“

Maria schloss die Augen und nickte. „Aber vielleicht übertreibe ich es. Wenn ich Marco sage, wie schlau er ist, sagt er: ‚Raphael ist schlauer.‘ Wenn ich Alina sage, wie gut sie Geige spielen kann, sagt sie: ‚Mama, hör auf damit, mit mir zu prahlen.‘“

„Das ist es, worauf ich hinaus wollte“, sagte Jessie. „Kinder fühlen sich sehr unwohl, wenn sie durch Lob bewertet werden. Sie stoßen es weg. Manchmal benehmen sie sich absichtlich schlecht, um dir das Gegenteil zu beweisen.“

Maria starrte sie an. „Ach du meine Güte“, sagte sie. „Jetzt verstehe ich, was gestern in Herrn Petersons Klasse passiert ist, als ich ausgeholfen habe.“

„Was meinst du?“, fragte ich.

„Dieser Junge, Brian, der alle verrückt macht, saß endlich auf seinem Platz und machte seine Aufgaben fertig. Also klopfte ich ihm auf den Rücken und sagte, er sei ein guter Junge. Ich dachte, das würde ihn dazu motivieren, sich weiterhin anständig zu benehmen. Tat es aber nicht. Er schielte, ließ die Zunge seitlich aus dem Mund hängen und fiel von seinem Stuhl. Ich konnte es nicht verstehen.“

Ich war verwirrt. „Und jetzt schon?“, fragte ich.

„Nun, nach dem, was Jessie gesagt hat, konnte er gar nichts mit meinem Kompliment anfangen. Es machte ihn zu nervös. Er konnte dem nicht gerecht werden. Er musste mir zeigen, dass er nicht wirklich gut war.“

„Aber er war doch gut“, widersprach ich. „In dem Moment jedenfalls.“

„Dann hätte Maria diesen Moment beschreiben können“, sagte Jessie.

„Ja“, stimmte Maria zu. „Vielleicht hätte ich ihm sagen sollen ...“

Und so begann eine lange, lebhafte Diskussion zwischen uns dreien. Die Leistungen eines Kindes zu beschreiben, statt sie mit einem einfachen „gut“ oder „schlecht“ zu bewerten, schien schwieriger zu sein, als wir zunächst dachten – nicht weil es schwer war zu beschreiben, sondern weil wir so ungeübt darin waren. Jedoch sobald wir den Dreh mal raus hatten und verstanden, wie man sorgfältig auf die Leistungen eines Kindes blickt und in Worte fasst, was man sieht oder fühlt, fiel es uns immer leichter und bereitete uns mehr und mehr Vergnügen. Auf den nächsten beiden Seiten sehen Sie in Comicform einige der Beispiele, die wir ausgearbeitet haben. Sie zeigen, wie Eltern und Lehrer beschreibendes Lob verwenden können.

Beschreibendes Lob zu Hause

Beschreibendes Lob im Klassenzimmer

Statt zu bewerten,

beschreiben Sie!

Statt zu bewerten,

beschreiben Sie!

Statt zu bewerten,

beschreiben Sie!

Während wir die Beispiele betrachteten, die wir ausgearbeitet hatten, kamen uns viele weiterführende Gedanken, die wir einander mitteilen wollten.

Ich: Beschreibendes Lob ist anstrengend, nicht wahr? Wenn man einem Kind erzählen will, was man sieht oder fühlt, muss man wirklich aufmerksam hinsehen. Es ist viel einfacher zu sagen: „Das ist toll", oder: „Fantastisch", oder: „Großartig!" Für diese Art von Lob muss man nicht einmal nachdenken.

Jessie: Das stimmt. Beschreibendes Lob ist schwieriger und dauert länger, aber schaut euch an, was es dem Kind bringt.

Maria: Ich verstehe, was du meinst, aber wenn ein Kind immer kritisiert wurde und noch nie gelobt wurde, wäre es dann nicht immer noch besser zu hören: „Du bist ein guter Junge" statt gar nichts?

Jessie: Wenn ein Kind verhungert, ist selbst Zuckerwatte besser als gar nichts. Aber wieso sollte man sich mit so wenig zufrieden geben? Wir wollen unseren Kindern die Art von emotionaler Unterstützung geben, die ihnen hilft, sich zu unabhängig und kreativ denkenden und handelnden Menschen zu entwickeln. Wenn wir sie dazu erziehen, ständig nach der Bestätigung durch andere zu fragen, welche Botschaft vermitteln wir ihnen dann?

Ich: Du kannst deinem eigenen Urteil nicht trauen. Du brauchst immer die Meinung von jemand anderem, um zu wissen, wie du dich machst.

Maria: Das ist keine gute Botschaft, nicht wahr?

Jessie: Nein, weil wir wollen, dass unsere Kinder ihrem eigenen Urteil vertrauen, dass sie genug Selbstbewusstsein haben, sich zu sagen: „Ich bin zufrieden mit meinen Handlungen", oder: „Ich bin nicht zufrieden damit." Und dass sie Korrekturen oder Verbesserungen vornehmen können, die sich auf ihre *eigenen* Bewertungen stützen.

An diesem Abend freute ich mich tatsächlich darauf, die Briefe zu lesen und zu korrigieren, die meine Schüler geschrieben hatten. Der erste war eine angenehme Überraschung. Anstelle von „Sehr gut!", schrieb ich: „Sehr angenehm zu lesen. Klare Einleitungssätze und lebendige Beispiele dafür, wie Dirk Nowitzki dein Leben beeinflusst hat." Auch der zweite Brief enttäuschte nicht. Ich schrieb: „Eine sorgfältige Betrachtung der Probleme von Obdachlosen. Ich vermute, der Präsident fände deinen ersten Vorschlag sehr interessant."

Mir schwoll die Brust vor Stolz auf das hohe schriftstellerische Niveau meiner Schüler, das ich allein auf mein Vermögen als Lehrerin zurückführte. (So viel dazu, Herr Stahl.) Der nächste Aufsatz las sich, als ob er von einem Zweitklässler stammte. Es war Melissas Brief an Emma Watson. Er füllte kaum eine halbe Seite. Ich nahm meinen Rotstift und schrieb: „Schwache Leistung. Keine Adresse. Wo ist das Datum? Rechtschreibung! Inhalt nicht entwickelt."

Ich sah noch einmal auf meinen großen, roten, wütenden Kommentar und dachte mir: „Wie konnte ich Melissa das antun?" Das war die Art Kritik, die Herr Stahl an mir übte ... Ich steckte fest. Es war nicht schwer, für etwas zu loben, das einem gefiel, aber wie kritisierte man etwas, das einem nicht gefiel? Wie weist man auf die Fehler hin, ohne die kritisierte Person zu entmutigen. Hätte es eine Weise gegeben, auf die Herr Stahl mir gegenüber seine Unzufriedenheit ausdrücken hätte können, ohne mich völlig zu entmutigen?

Ich starrte aus dem Fenster. Vielleicht wenn er mich zuerst für das gelobt hätte, was ich richtig gemacht hatte – so wenig das auch war –, dann hätte ich mir anhören können, was ihn störte, ohne gleich zusammenzubrechen. Vielleicht wenn er etwas gesagt hätte, wie: „Lisa, du hast deine Ziele erreicht. Du hast deine Schüler dazu motiviert, zu lernen, wie man einen Brief schreibt. Die eine Sache, an der man meiner Ansicht nach noch arbeiten sollte, ist, wie man Begeisterung erzeugt und trotzdem die Ordnung aufrechterhält."

Wenn er das gesagt hätte, hätte ich ihm zuhören können. Mehr noch. Ich hätte ernsthaft darüber nachgedacht, wie ich es in Zukunft verhindern könnte, dass mir die Begeisterung der Kinder außer Kontrolle gerät.

Vielleicht war das der Schlüssel, um Kindern dabei zu helfen, Fortschritte zu machen. *Statt uns darauf zu konzentrieren, was falsch ist, sollten wir damit anfangen, anzuerkennen, was ein Kind geschafft hat. Dann können wir darauf hinweisen, was noch getan werden muss.*

Okay, was könnte ich jetzt auf Melissas Aufsatz schreiben? Sie hatte gar nichts erreicht. Oder? Ich sah noch einmal genauer hin und wurde fündig.

Ich nahm meinen Radiergummi und machte einen roten Schmierfleck auf Melissas Aufsatz. Dann schreib ich sorgfältig meinen neuen Kommentar. Ich schrieb:

„Ich mag die Zeile ‚Du bist mir die Liebste unter meinen Liebsten.' Ich glaube, Frau Watson würde das auch gefallen. Ich glaube, es würde ihr auch gefallen, wenn du ein Beispiel dafür geben würdest, was genau du an ihr bewunderst. Bitte sieh dir deinen Aufsatz noch einmal durch und überprüfe, ob die unterstrichenen Wörter richtig geschrieben sind und ob die Adresse und das Datum vorhanden sind. Ich freue mich darauf, deinen überarbeiteten Brief zu lesen."

Es schien mir, dass ich ein wichtiges Prinzip entdeckt hatte. Ja, wir alle, Lehrer und Schüler und Eltern, profitieren davon, einen Außenstehenden mit einem objektiven Blick zu haben, der uns sagt, was wir besser machen können. Aber bevor wir überhaupt darüber nachdenken können, etwas zu ändern, müssen wir daran glauben, dass wir mehr richtig als falsch machen und dass wir die Kraft haben, die Fehler in Zukunft zu vermeiden. Als Hilfestellung, um mir besser vorstellen zu können, wie die Theorie in anderen Situationen funktionieren würde, dachte ich mir zwei realistische Beispiele aus, – eines zu Hause und eines in der Schule:

Eine Alternative zu Kritik

Zu Hause

Statt auf die Fehler hinzuweisen,

beschreiben Sie, was schon erledigt ist und was noch getan werden muss!

In der Schule

Statt darauf hinzuweisen, was noch fehlt,

beschreiben Sie, was schon erledigt ist und was noch getan werden muss!

Während der nächsten Wochen dachte ich viel über Lob und Kritik nach. Herrn Stahls „konstruktive Kritik“ hatte mich verletzt und entmutigt. Marias überbordendes Lob hatte mich nicht überzeugt und in mir ein Gefühl von Wertlosigkeit zurückgelassen. Aber Jessies klare Beschreibung dessen, was ich zu tun versucht hatte, hatte mich aufgebaut, meinen Glauben an mich selbst wieder hergestellt und mir den Antrieb gegeben, es nächstes Mal sogar noch besser zu machen.

Was für ein einfacher und doch erstaunlicher Vorgang! Ich nehme an, was Jessie für mich getan hatte, sollten wir eigentlich alle füreinander tun, während wir uns den Herausforderungen unseres Lebens stellen.

- Lehrer brauchen Zuspruch, während sie darum ringen, den Bedürfnissen all ihrer Schüler zu entsprechen.
- Eltern brauchen Zuspruch, während sie sich den täglichen Schwierigkeiten der Kindererziehung stellen.
- Kinder brauchen Zuspruch, während sie versuchen ihre Welt zu verstehen und ihren Platz darin zu finden.

In meinem perfekten Universum währen wir alle füreinander da und hielten unseren Bemühungen und Erfolgen gegenseitig den Spiegel vor, sodass wir uns alle wahrgenommen und wertgeschätzt fühlen könnten.

Zur Erinnerung

hilfreiches Lob/konstruktive Reaktionen

Zu Hause und in der Schule

Kind: Hör dir mein Gedicht über einen Zug an. Sag mir, ob es gut ist.

Erwachsener: Wunderschön. Du bist ein großer Poet.

Statt zu bewerten, können Sie ...

1. beschreiben, was Sie sehen oder hören.

   „Du hast den ‚Tschu-Tschu'-Rhythmus des Zuges sehr gut eingefangen und du hast eine Möglichkeit gefunden ‚Tripp-Trapp' auf ‚Klapper-di-klapp' zu reimen."

2. beschreiben, was Sie fühlen.

   „Es gibt mir das Gefühl, ich würde in einem Zugwaggon sitzen, der durch die Landschaft saust."

*

Erwachsener: Schau dir diese falsch geschriebenen Wörter an! Das kannst du besser.

Statt zu kritisieren, können Sie ...

3. darauf hinweisen, was getan werden muss.

   „Das Einzige, was diesem Gedicht jetzt noch fehlt, ist die richtige Schreibweise der Wörter ‚Schaffner' und ‚Fracht' und es ist bereit für die Pinnwand."

Fragen und Geschichten von Eltern und Lehrern

Fragen von Eltern

1. Mein Sohn ist ein großartiges Kind und ich mache ihm immer Komplimente. Aber gestern sagte er zu mir: „Mama, du bemerkst mich zu oft.“ Gibt es so etwas wie zu viel Lob?

Die Reaktion Ihres Sohnes ist nicht ungewöhnlich. Die meisten Kinder fühlen sich sehr unwohl, wenn sie ständig Kommentare über ihr Verhalten hören – selbst wenn die Kommentare alle positiv sind. Sie fühlen sich, als seien sie ständig unter Beobachtung. Andere Kinder reagieren auf ganz andere Weise darauf, die ganze Zeit „bemerkt“ zu werden. Sie gewöhnen sich so sehr daran, für alles, was sie tun, sofort eine lobende Bemerkung zu hören, dass sie sich verloren fühlen, wenn die Bemerkung einmal fehlt, und an Selbstbewusstsein verlieren.

Wieder andere Kinder erleben ständiges Lob als subtile, unausgesprochene Anweisung, sich den Wünschen und Normen der Eltern gemäß zu verhalten. Oft schlussfolgern diese Kinder: „Ich muss aufhören, darüber nachzudenken, was ich tun will und wie ich es tun will, und darüber nachdenken, was ich ihrer Meinung nach tun sollte. Ich kann mir selbst nicht vertrauen. Ich vertraue besser ihnen.“

2. Meine Tochter bastelte gerade ein Diorama, das eine Küche aus dem 17. Jahrhundert darstellte, und sie fragte mich, was ich davon hielte. Ich sagte, ihre Lehrerin würde ihr vermutlich eine Eins darauf geben. War das in Ordnung?

Immer wenn Sie wählen können, die Aufmerksamkeit Ihres Kindes auf die Bestätigung durch andere zu lenken oder zurück auf ihre Aufgabe, sollten Sie die Aufgabe wählen. Sie können Ihrer Tochter sagen: „Du verwandelst eine alte Pappschachtel langsam in eine alte Küche. Ich sehe ein Spinnrad und eine Feuerstelle und ... wie hast du es geschafft, dass die Wiege so realistisch aussieht?" Die wertvollste Art des Lernens ist es, wenn Kinder tief in die eigenen Handlungen versunken sind, nicht, wenn sie sich Sorgen darum machen, wie andere sie bewerten werden.

3. Mein Sohn hat endlich ein Zeugnis mit lauter 1en nach Hause gebracht. Ich sagte ihm, wie stolz ich auf ihn sei. Ist das in Ordnung?

Immer wenn Sie unsicher sind, ob Ihr Lob hilfreich ist, oder nicht, können Sie sich eine Schlüsselfrage stellen: *„Machen meine Worte mein Kind abhängiger von mir und meiner Anerkennung oder helfen meine Worte ihm, seine Stärken zu sehen und ihm ein klareres Bild seiner Fähigkeiten und Errungenschaften zu zeigen?"* Vergleichen Sie folgenden Aussagen:

Lob, das eine Abhängigkeit von der Anerkennung anderer schafft	Lob, das einem Kind eine Vorstellung von den eigenen Fähigkeiten und Errungenschaften gibt
„Ein perfektes Zeugnis. Ich bin so stolz auf dich."	Diese Einsen stehen für Entschlossenheit und Stunden harter Arbeit. Du musst stolz auf dich sein."
„Du machst deine Hausaufgaben? Braves Mädchen!"	„Man braucht Selbstdisziplin, um seine Hausaufgaben zu machen, obwohl man müde ist."
„Du bist eine sehr großzügige Person."	Als du gesehen hast, dass Ole sein Pausenbrot vergessen hatte, hast du ihm die Hälfte von deinem abgegeben."

Bemerken Sie, wie die Kommentare in der ersten Spalte *den Eltern* die Kontrolle geben. Sie sind es, die die Macht haben, Lob zu erweisen oder zurückzuhalten. Die Aussagen in der zweiten Spalte versetzen *das Kind* in Kontakt mit seiner Macht und ermöglichen ihm, sich selbst zu loben.

4. Kann man einem Kind nie sagen, dass es „aufmerksam“, „ehrlich“ oder „kreativ“ ist?

Jede Art von Bestätigung kann sich im jeweiligen Moment gut anfühlen. Aber wenn Sie möchten, dass diese Worte in ein Kind eindringen und dort bleiben, müssen Sie ihnen eine Beschreibung voran- oder nachstellen. Zum Beispiel:

Du wusstest, dass ich mir Sorgen machen würde, wenn du nicht zu Hause bist, wenn ich von der Arbeit komme. Deshalb hast du mir eine Nachricht hinterlassen, mit einer Telefonnummer, unter der ich dich erreichen kann. Das nenne ich umsichtig.

Du hast mir erzählt, was heute in der Schule passiert ist, obwohl du wusstest, dass ich wütend werden könnte. Ich weiß deine Ehrlichkeit zu schätzen.

Was für eine kreative Collage! Es gibt Schnüre und Nudeln und Knöpfe und Ränder aus Toilettenpapier.

In jedem dieser Fälle weisen Sie auf eine einzelne Situation hin, in der ein Kind umsichtig, ehrlich oder kreativ war. So entsteht kein Druck, es müsse immer so sein.

5. Ich habe zwei Töchter. Die jüngere ist eine Musterschülerin, aber die ältere muss kämpfen, um Zweien und Dreien zu bekommen. Wenn Sie mir ihre Zeugnisse zur selben Zeit zeigen, versuche ich es zu vermeiden, die Jüngere zu loben, damit sich die Ältere nicht schlecht fühlt. Tue ich das Richtige?

Ihre Reaktion auf die Leistungen eines Kindes sollte nichts damit zu tun haben, was eine Schwester geleistet oder nicht geleistet hat. Jedes Kind muss wegen seiner individuellen

Leistungen bestärkt werden. Ihrer jüngeren Tochter steht Zeit mit Ihnen alleine zu, sodass sie ihren Stolz auf ihre schulischen Fähigkeiten teilen und sie von ihrer Mutter bestätigen lassen kann. Ihrer älteren Tochter steht ebenfalls private „Zeugnisberichtzeit" zu, sodass sie die Zufriedenheit oder Unzufriedenheit über ihre schulische Arbeit ausdrücken und Unterstützung für ihre Bemühungen erhalten kann. Keine Ihrer Töchter sollte aufgrund des Talents ihrer Schwester weniger bekommen.

Geschichten von Eltern

Diese Erfahrung teilte eine Mutter mit uns, die selbst entdeckt hatte, wie bewertendes Lob den kreativen Prozess ihrer Tochter unterbrach und wie beschreibendes Lob ihn freisetzte.

Als meine Tochter Jette im Kindergarten war, hatte sie die Chance, an einem Kunstwettbewerb teilzunehmen. Sie schien nicht sehr interessiert, aber ich drängte sie dazu. Ich schätze, es liegt daran, dass ich Künstlerin bin. Während sie zeichnete, setzte ich mich neben sie und sagte immer wieder: „Das ist toll! ... Wow, ich mag diese Farbe ... Wie ist es mit den Füßen? ... Sollten sie nicht etwas größer sein? ... Genau so! Stopp! Das ist perfekt!"

Nach ein paar Sekunden sagte Jette: „Mama, warum muss es perfekt sein?" Dann legte sie die Buntstifte weg und weigerte sich weiterzumachen. Zuerst war ich ärgerlich mit ihr. Dann bemerkte ich, dass ich vielleicht zu viel redete. Als sie das nächste Mal eine Zeichnung aus der Schule mit heimbrachte, machte ich deshalb keine Bemerkung dazu. Aber ich schätze, sie wollte, dass ich etwas dazu sagte, denn sie hielt es mir vors Gesicht, während ich die Wäsche zusammenlegte. Es war ein Bild eines Tigers und es war wirklich gut. Mit ein paar kleinen Veränderungen wäre es fantastisch gewesen. Aber ich hielt mich unter Kontrolle. Ich nahm es und beschrieb es bloß: „Ich sehe, du hast einen lachenden Tiger gemalt, mit orangefarbenen und schwarzen Streifen und einem langen Schwanz und …“ Bevor ich weitermachen konnte, zog Jette es mir weg und sagte: „Das ist die Mami. Jetzt mache ich den Baby-Tiger.“

Anschließend, als ich darüber nachdachte, was passiert war, wurde mir klar, dass all meine „hilfreichen“ Bemerkungen meine Art waren, sie dazu zu bringen, mir zu gefallen, obwohl die Person, der sie wirklich gefallen sollte, sie selbst war. Ab jetzt werde ich versuchen, mich von ihr fernzuhalten, wenn sie zeichnet. Ich schätze, sie braucht nur dann eine Bemerkung von mir, wenn sie danach fragt.

*

Dies stammt von einer anderen Mutter, die entdeckte, was geschehen kann, wenn man dem Drang zu bewerten widersteht.

Ich kam von einem Workshop über beschreibendes Lob nach Hause und entdeckte ein Bild, das auf der Arbeitsplatte in der Küche lag, gezeichnet von meinem zwölfjährigen Sohn Ben. Es war klar, dass er es dort liegengelassen hatte, damit ich es sehen würde.

Als ich an seiner Tür vorbeikam, saß er im Bett und fragte: „Hast du mein Bild gesehen?“

Normalerweise wäre meine Antwort gewesen: „Ja, es ist wunderschön. Du bist wirklich ein wunderbarer Künstler.“ Aber, da ich gerade von meinem Workshop kam, dachte ich: „Okay, ich werde versuchen zu beschreiben.“ So sagte ich: „Nun, ja. Ich habe einen großen Plateosaurus gesehen, der in einem See treibt und große Bäume und Felsen an der Küste und eine Autobahn, quer über das Land.“

Ben lächelte von Ohr zu Ohr und erzählte mir, was er über „Champ“ gelernt hatte, ein Seemonster, das im Champlain-See entdeckt worden war. Während er mir berichtete, was ihn begeisterte, fühlte ich, dass wir einander wirklich verbunden waren. Es war ein Moment, den ich wie einen Schatz in meiner Erinnerung hüte. Und der Gedanke, dass solche Momente nicht einfach so geschehen, sondern dass ich sie erzeugen kann, begeistert mich wirklich.

*

Die nächste Geschichte beschreibt eine Situation, in der eine Mutter ihre Kinder leicht ausschimpfen hätte können. Stattdessen verwandelte sie die Situation in eine Gelegenheit zu loben.

Seit ich einen Teilzeitjob habe, gab es viele Krisen, in denen ich spät dran war und meine drei Kinder nach der Schule vor der verschlossenen Haustür standen. Schließlich beschloss ich, einen Ersatzschlüssel draußen vor dem Haus zu verstecken, und erklärte meinen Kindern, dass sie ihn nur im Notfall verwenden sollten und dass sie ihn, sobald die Tür offen war, wieder in sein Versteck zurücklegen sollten.

Das stellte sich als großartige Lösung heraus, weil ich mindestens einmal die Woche Überstunden machen musste. Dann eines Nachmittags, als ich spät nach Hause kam, fand ich meine drei Kinder um den Tisch sitzend vor, wie sie einen Imbiss einnahmen und da, auf dem Küchenfußboden, lag der Schlüssel.

Ich sagte: „Oh nein, wie kommt unser Schlüssel auf den Fußboden?" Mein Sohn, Nicky, sagte: „Oh, ich habe vergessen, ihn zurückzulegen." Ich konnte sehen, dass er sich deshalb furchtbar fühlte, also sagte ich ihm, dass ich fand, dass das ziemlich gut sei.

Die Kinder sahen mich überrascht an. Ich sagte: „Ist euch klar, wie verantwortungsvoll ihr drei mit dem Schlüssel gewesen seid? Ihr habt ihn nun über ein Jahr benutzt, und dies ist das erste und einzige Mal, dass jemand vergessen hat, ihn zurückzulegen. Ich finde, darauf kann man stolz sein."

Die drei strahlten. Dann sprang Nicky vom Tisch auf und sagte: „Ich lege ihn jetzt zurück." Ich musste sie nie wieder erinnern.

*

Im Folgenden können Sie sehen, wie ein Sohn seiner Mutter sein „Schlimmstes" offenbarte und wie sie einen Weg fand, ihm zu helfen, sein „Bestes" zu sehen.

Paul war kein großartiger Schüler. Er arbeitete nach dem Prinzip, in kürzester Zeit so wenig wie möglich zu tun, um „durchzukommen". Eines Nachmittags kam er nach der Schule ins Haus und stand einfach nur da. Ich warf einen Blick auf sein Gesicht und war sofort beunruhigt. „Was ist geschehen?", fragte ich.

Er sagte: „Ich habe gerade das Garagentor eingetreten."

Ich war schockiert. „Absichtlich?"

„Ich habe im Algebratest versagt!", stieß er hervor. „Und ich hab's versucht! Ich hab's diesmal wirklich versucht. Ich habe gelernt. Und ich habe versagt."

Er war offenbar wirklich so verzweifelt, dass ich mir sagte, jetzt sei nicht der Zeitpunkt sich auf das Garagentor zu konzentrieren. Ich hatte schreckliches Mitleid mit ihm. Seit Jahren waren sein Vater und ich nun schon dahinter her, dass er sich mehr einbrächte, sich mehr anstrengen würde, und er hatte es endlich getan. Er hatte aufrichtig versucht sein Bestes zu geben und es hatte sich herausgestellt, dass sein Bestes zum Misserfolg führte.

„Gibst du mir jetzt keinen Hausarrest?", verlangte er.

Ich wusste nicht, wie ich reagieren sollte. Ich wusste nur, dass ich mich besser an eine Fertigkeit klammern sollte, damit wir nicht beide untergingen. Zögernd fragte ich: „Hast du den Test mitgebracht?"

Er griff in seinen Ranzen und warf den Test auf mein Bett. Auf die obere Ecke war eine „4 -" gekritzelt. Ich las den Test und versuchte herauszufinden, was schiefgelaufen war. Ich sagte: „Paul, ich sehe, wie aufgewühlt du bist, aber bitte erkläre mir das hier. Diese erste Aufgabe, die du richtig gelöst hast, wie bist du auf das Ergebnis gekommen?"

Paul erklärte mir einen langen, komplizierten Prozess, in dem es um das Faktorisieren von mehrgliedrigen Termen in zweigliedrige ging. Ich versuchte ihm zu folgen, konnte aber nicht. Als er fertig war, sagte ich: „Du hast also die Theorie verstanden, das tue ich nicht, und du musst auch diese fünf anderen Aufgaben verstanden haben, weil du sie auch richtig beantwortet hast. Was ist bei den anderen vier passiert?"

Paul beugte sich über den Test und sagte: „Bei diesen beiden habe ich multipliziert, obwohl ich hätte teilen sollen, und in diesen beiden habe ich dazu noch dumme Rechenfehler gemacht."

„Du sagst mir also", sagte ich langsam, „dass du dieses ganze komplizierte Zeug verstehst, aber dass du vier Flüchtigkeitsfehler gemacht hast, die dich 40 Punkte gekostet haben. Daraus kann ich nur schließen, dass dein Verstand dazu in der Lage ist, komplizierte mathematische Konzepte zu verstehen, aber dass du deine Rechnungen noch mal kontrollieren musst, bevor du deinen Test abgibst."

Die Anspannung fiel sichtlich von Paul ab. Als er aus dem Zimmer ging, fühlte ich mich, als hätte ich selbst so etwas wie einen Test bestanden.

Zehn Minuten später kam Paul zurück. Er sagte: „Mach dir keine Sorgen wegen der Garagentür, Mama. Ich habe den Hammer benutzt, ganz vorsichtig, und ich konnte die Delle herausklopfen."

„Danke", sagte ich.

1. Ich habe ein Mädchen namens Jessica in meiner Klasse, das herausragend ist. Ich bin hin- und hergerissen zwischen dem Drang, sie ständig überschwänglich zu loben, und meiner Sorge, die anderen Kinder könnten neidisch werden und sie als Streberin ansehen. Irgendwelche Tipps?

Hören Sie auf Ihre Zweifel. Sie tun Jessica keinen Gefallen, indem Sie ständig öffentliche Kommentare darüber abgeben, wie „herausragend" sie sei. Es wäre besser für sie und alle anderen, wenn sie nach Möglichkeiten suchen würden, ihre Anerkennung der ganzen Klasse gegenüber auszudrücken: „Was für eine Zusammenarbeit! Ihr habt euch alle reingehängt und richtig sorgfältig aufgeräumt. Der Hausmeister würde nie auf die Idee kommen, dass wir heute wissenschaftliche Experimente gemacht haben."

Wenn Ihnen etwas besonders gut gefällt, das Jessica gemacht hat, können Sie es als Tatsachenbericht formulieren: „Ich sehe, wie du es geschafft hast, diese lange Liste von Zahlen zu addieren und die richtige Antwort zu bekommen. Das liegt daran, dass du vorsichtig jede Zahl genau unter die anderen geschrieben hast." Diese Art von objektiver Bemerkung können die anderen Schüler hören, ohne sich herabgesetzt zu fühlen, und profitieren vielleicht sogar davon. Am besten heben sie sich Ihre emotionaleren Reaktionen auf Jessica für einen privateren Moment auf. Dann können Sie ihr erzählen, dass sie sich freuen, sie in Ihrer Klasse zu haben, und warum.

2. Gibt es irgendwelche Einwände dagegen, einen Schüler darauf hinzuweisen, dass er in der Klasse am besten schreibt oder dass er die beste Note in der Klassenarbeit bekommen hat?

Es liegt ein doppeltes Problem darin, sich darauf zu konzentrieren, wer der „Beste" oder „Schnellste" oder „Klügste" ist: Der

Rest der Klasse kann leicht entmutigt werden. Manche strengen sich vielleicht gar nicht mehr an. Und der Star kann nun all seine Energie nicht mehr für seine eigenen Ziele aufwenden, sondern er muss sie darauf verwenden, seinen Status zu erhalten. Das Fortbestehen seines Erfolgs beruht nun auf dem fortwährenden Misserfolg seiner Klassenkameraden. Es wäre viel hilfreicher für Ihren Schüler, wenn er eine Beschreibung seines Erfolgs hörte, in der kein Bezug auf seine Mitschüler vorkommt. Zum Beispiel: „Du hast den Bauernhof deiner Großeltern so detailliert beschrieben, dass ich ihn fast sehen konnte." Oder: „Jede Antwort in diesem Test ist richtig. Du verstehst wirklich, wie man das Dezimalkomma einsetzt." Aussagen wie diese helfen einem Schüler, sich an seinen eigenen Standards zu messen, statt an der Leistung seiner Klassenkameraden.

3. In meiner letzten Schule wurde viel Wert darauf gelegt, dass die Kinder Dinge sagen, wie: „Ich bin besonders."... „Ich bin liebenswert."... „Ich bin kompetent." Die Lehrer wurden auch dazu angehalten, Goldsterne und Smiley-Aufkleber zu verteilen. Halten Sie diese Methoden für geeignet, das Selbstvertrauen von Kindern aufzubauen?

Man kann Selbstvertrauen nicht von außen erzeugen. Die Bestätigungen und Aufkleber, die Sie beschreiben, mögen kurzfristig haften, aber sie lösen sich leicht ab, wenn sich dem Kind Anzeichen dafür zeigen, dass es doch nicht so liebenswert oder kompetent oder besonders ist. Worte, die beschreiben, was das Kind tut oder getan hat, dagegen halten für immer und können bei Bedarf abgerufen werden. Wenn ein Schüler sich beispielsweise Sorgen macht, weil es einen Aufsatz über Wale schreiben soll, wird es ihm wenig nützen, sich zu sagen: „Ich bin besonders", oder seine Sammlung von Goldsternen zu betrachten. Aber wenn er auf seinem letzten Aufsatz über Mammutbäume gelesen hat: „Voll interessanter Ideen. Ich habe Dinge über diese lebenden Riesen gelernt, von denen ich noch nie gehört hatte", dann sagt sich der Schüler vielleicht: „Ich habe es schon einmal getan. Ich werde es wohl wieder schaffen."

4. Sie schlagen vor, dass ein Lehrer jede Anstrengung, die ein Schüler unternimmt, schnell anerkennt. Aber angenommen, ein Kind stellt eine Frage, die völliges Unverständnis erkennen lässt. Gibt es nicht einen Punkt, an dem man ihm sagen muss, dass es Unrecht hat, und an dem man ihm die richtige Antwort geben sollte?

Unsere Rolle als Erzieher besteht nicht darin, „richtige" Antworten zu geben, sondern den Kindern zu helfen, Antworten durch ihren eigenen Denkprozess zu finden. Sie können anfangen, indem sie einen Schüler respektvoll fragen, welche Gedanken ihn zu der Frage gebracht haben, und ihn mit zusätzlichen Fragen zur nächsten Stufe des Verständnisses führen.

Eine Sonderschulpädagogin berichtete, dass sie ihrer Klasse eine Geschichte über einen Imker vorlas, als Charlotte ihre Hand hob und fragte: „Ist eine Biene ein Vogel?" Die Klasse war wie elektrifiziert von der Frage. Mehrere Kinder hoben die Hände und winkten ungeduldig.

Die Lehrerin sagte: „Wartet einen Moment. Charlotte, das ist eine interessante Frage! Wieso denkst du, dass eine Biene ein Vogel sein könnte?" Sehr feierlich antwortete Charlotte: „Sie haben beide Flügel."

„Haben sie noch etwas anderes gemeinsam?"

„Sie fliegen."

„Du hast zwei Gemeinsamkeiten gefunden. Klasse, gibt es auch etwas, das bei Vögeln anders ist als bei Bienen?"

„Vögel haben Federn."

„Vögel sind größer."

„Vögel stechen dich nicht."

Plötzlich strahlte Charlottes Gesicht. „Ich weiß, ich weiß", rief sie. „Eine Biene ist ein Insekt!"

Alle Köpfe nickten.

Die Lehrerin schrieb das Ergebnis der Klasse an die Tafel: „Eine Biene ist ein INSEKT."

Geschichten von Lehrern

Eine Grundschullehrerin berichtete, dass ihre Kinder am besten auf Lob und Kritik reagierten, wenn sie eine fantasievolle Beschreibung wählte. Der folgende Auszug aus ihrem Brief zeigt ihren spielerischen Ansatz.

Zu dem Mädchen, das seinen Mathetest rasch erledigte, sagte ich: „Du hast diese Aufgaben erledigt wie eine Maus, die Käse knabbert."

Dem Jungen, dessen Text schwer zu lesen war, weil ein Wort direkt in das nächste überging, sagte ich: „Du meine Güte, diese armen Wörter werden zusammengequetscht. Das scheint sehr unbequem für sie zu sein. Aber, ohhh, schau sich einer diese beiden Wörter an! Sie sehen sehr glücklich aus. Sie haben genügend Platz zwischen sich."

Dem Kind, das Schwierigkeiten hatte, seine Buchstaben auf der Zeile zu halten, sagte ich: „Dieses c schwebt in der Luft, aber dieses hier sitzt genau auf der Zeile ... Oh oh, dieses n streckt seine Füße durch den Fußboden und der Putz rieselt in die Wohnung des Nachbarn."

Um allen Kindern während einer Schönschriftübung zu helfen, sagte ich, dass sie einen „Schönheitswettbewerb" hätten und dass sie den schönsten Buchstaben auf ihrem Blatt einkreisen sollten, das wäre der Gewinner. Manche Kinder fanden, sie hätten zwei gleich schöne Buchstaben. In diesem Fall wurden beide zu „Vizegewinnern" erklärt.

*

Eine Lehrerin der fünften Klasse berichtete davon, wie sie beschreibendes Lob einsetzte, als sich ihre Schüler nicht benahmen.

Die Klasse war in einer Laune, die man mit „Ich will nicht, ich mach nichts" umschreiben könnte. Die Kinder hatten eine komplette Woche schlechten Wetters ausgehalten und waren unruhig. Als wir alle nach einer weiteren Pause im Haus zurück ins Klassenzimmer kamen, hörten die Kinder nicht auf zu spielen und herumzulaufen.

Das ist eigentlich keine Situation, in der einem als Erstes einfällt zu loben, aber ich ließ meinen Blick durch die Klasse schweifen und entdeckte zwei Kinder, die sich ruhig auf ihren Plätzen niedergelassen hatten.

Ich wandte mich der Tafel zu und schrieb ihre Namen unter das Wort „Kunstzeit". Dann sagte ich zu meinen „Modellschülern": „Ihr habt, als die Glocke läutete, sofort eure Spielsachen weggelegt. Nun sitzt ihr auf euren Plätzen und wartet, was als Nächstes geschehen wird. Das gefällt mir." Die Kinder sahen mich an und dann die zwei Namen an der Tafel. Ein paar von ihnen legten schnell ihre Spiele weg und hetzten auf ihre Plätze. Ich ergänzte ihre Namen auf der Liste und sagte: „Danke." Drei weitere setzten sich.

Es war wunderbar. Ich musste nicht laut werden oder ein Ultimatum setzen. Die Kinder sahen, was getan werden musste, und taten es. Für diejenigen, die langsam reagierten, flüsterten die anderen Kinder laut Erinnerungen. Aber schließlich ließen sie sich alle nieder.

*

Diese letzte Geschichte zeigt, wie ein Sportlehrer an einem Gymnasium in der Stadt es schaffte, einem aufsässigen, feindseligen Schüler positive Rückmeldung zu geben, ohne die Position des Jungen bei seinen Mitschülern zu gefährden.

Cem Kaymaz mochte es nicht, wenn er öffentlich gelobt wurde. Er sah sich selbst als einen harten Kerl, dem die Schule egal war oder was die Lehrer über ihn dachten. Er wurde von den anderen Schülern für diese rebellische Haltung bewundert. Er lächelte nur, wenn er für sein Verhalten getadelt wurde. Nur dann grinste er seine Kollegen an, als ob er sagen wollte: „Ich hab's ihnen gezeigt."

Während der Sportstunde hatte Albert, einer der weniger beliebten Jungen, Probleme, den Korb zu treffen. Manche der Jungen sagten ihm, er „werfe wie ein Mädchen", und andere fingen an zu lachen. Cem sah die Jungen an und schüttelte den Kopf.

Tyler, der Rädelsführer, sagte: „Was? Magst du ihn oder was?"

Cem kniff die Augen zusammen und sagte zwei Worte: „Chill mal."

Sie chillten. Sie sagten kein Wort mehr. Sie warfen nur Körbe.

Als es Zeit wurde, in die Umkleide zu gehen, rief ich in barschem Ton über den Platz: „Kaymaz, ich will dich sehen." Ein paar der Jungen versammelten sich an der Tür der Umkleide, um zu beobachten, wie das wohl ausging. Ich blickte Cem über den Rand meines Klemmbretts an, während ich den anderen Jungen den Rücken zukehrte. Mit einem ernsten Gesichtsausdruck sagte ich leise:

„Kaymaz, ich habe gesehen, was du für Albert getan hast. Man muss stark sein, um für jemanden einzustehen, wenn die anderen lachen. Du bist in Ordnung."

Cem drehte sich um und schlenderte zur Umkleide. Die Jungen, die gewartet hatten, versuchten von seinem Gesicht abzulesen, was geschehen war. Cem lächelte.

6.

Wie Sie ein Kind aus seiner Rolle befreien können

Ungläubig las ich den Brief der Schulaufsichtsbehörde immer wieder. Die Worte trafen mich wie ein Geschoss: „Tut es uns leid, Ihnen mitteilen zu müssen ... Haushaltsengpässe ... Einsparungen ... Versetzung an eine andere Schule ... Grundschule Osbruck."

Während der ersten paar Sommerwochen gelang es mir, die Gedanken an den Brief zu verdrängen. Aber je näher der September rückte, desto mehr wuchs meine Angst bei der Vorstellung, in einer neuen Schule noch einmal von vorne anfangen zu müssen. Ich versuchte mich zu beruhigen. Schließlich war eine Schule eine Schule. Kinder waren Kinder. Wie anders könnte es an der Grundschule Osbruck sein? Außerdem hatte ich nun schon zwei Jahre Lehrerfahrung.

Am Orientierungstag fand ich heraus, dass ich nicht der einzige Lehrer war, der nach Osbruck versetzt worden war. Der stellvertretende Direktor nahm uns Neuankömmlinge beiseite und unterrichtete uns von den Disziplinarregeln und Abläufen an der Schule. Sein Schwerpunkt lag auf den „schlechten" Schülern und wie man eine härtere Gangart bei ihnen einlegen sollte. Am Ende des Tages sagte man uns, dass wir alle einen Lehrer-Mentor bekommen würden, der uns helfen könnte zu lernen, wie man die Dinge in Osbruck „richtig" mache. Ich war froh, dass ich am nächsten Tag mein Klassenzimmer vorbereiten konnte. Ich hätte mir keine weiteren Erklärungen zu den Feinheiten im Umgang mit Verweisen, Nachsitzen und Unterrichtsausschluss mehr anhören können.

Ich kam am nächsten Morgen früh an, begierig darauf, meine Sachen zu ordnen. Auf meinem Schreibtisch lag eine Klassenliste mit den Namen von 28 Kindern. Ich sah die Liste durch und stellte fest, dass ich 18 Jungen und zehn Mädchen hatte.

Eine große grauhaarige Frau kam zur Tür herein und stellte sich mir als Frau Detner vor, meine Mentorin. Während sie nach der Klassenliste griff, sagte sie: „Ich unterrichte seit 27 Jahren in Osbruck und ich kann Ihnen alles über diese Kinder sagen, was

Sie wissen müssen. Ich hatte sie schon alle, und ihre Geschwister – und übrigens auch einige ihrer Eltern.“

„Gibt es mehr Jungen als Mädchen an dieser Schule?“, fragte ich, als ich ihr gehorsam die Liste überreichte.

Sie lächelte mich herablassend an. „Eigentlich nicht. Wissen Sie, als neue Lehrkraft müssen sie sich die ‚guten Kinder‘ erst verdienen – sozusagen.“

Ich informierte sie, dass dies mein drittes Jahr als Lehrerin war, aber sie schnitt mir das Wort ab. „Oh, meine Arme, wie ich sehe, haben Sie Elisabeth Ritscher. Sie ist wirklich ein Wirrkopf – völlig unzuverlässig, sie ist überhaupt nicht in der Lage, jemandem zuzuhören.“ Kopfschüttelnd und mit der Zunge schnalzend fuhr sie fort: „Und Sie haben Kira Kalinin! Die ist hinterhältig. Man kann ihr keine Minute trauen. Sie steckt voller Lügen und Ausreden ... Und sagen Sie mir nicht, die haben Elias Simon in Ihre Klasse gesteckt! Er lernt sehr langsam, hat die Aufmerksamkeitsspanne eines Dreijährigen. Tut nichts außer herumzualbern.“

Ich hörte ihr zu wie vor den Kopf gestoßen, während sie die Liste durcharbeitete. „Ach, wie ist bloß Henri Bertolt in diese Klasse geraten? Er ist ein extrem schüchternes Kind, sehr nervös, macht nie den Mund auf, aber er wird Ihnen keine Probleme machen ... Und Julian Potts auch nicht, bis auf sein Herumgetrödel und seine Aufschieberei ... Oh, aber hier haben wir Theo Schultz! Er wiegt die beiden auf. Nun, Theo ist schlau, aber bösartig – ein richtiger Fiesling. Und er hat eine sehr schlechte Impulskontrolle. Warten Sie nur ab, bis Sie hören, welcher Unrat aus seinem Mund kommt. Ich kann nicht glauben, dass sie ihn jemandem gegeben haben, der so unschuldig aussieht wie Sie. Nun ja, es gibt immer ein nächstes Jahr. Mit einer solchen Klasse, kann man nur hoffen.“

Sie wandte sich zur Tür und rief über die Schulter: „Hab jede Menge Arbeit zu erledigen. Falls ich früher fertig werde, können wir vielleicht noch weiterreden. Oder, falls es nicht klappt, können wir vielleicht irgendwann dieses Jahr mal zusammen Mittagessen."

Ich nickte höflich, aber sobald sie aus dem Zimmer war, begann mein Kopf zu schmerzen. Was für ein Jahr stand mir bevor? Konnte sie recht haben, was die Kinder anging? Bei ihr klang es, als seien Charakter und Persönlichkeit der Kinder unveränderlich. In Stein gemeißelt. Unglaublich. Hatte sie keine einzige von den Studien gelesen, die zeigten, dass es einen eindeutigen Zusammenhang zwischen der Erwartung der Lehrer und dem Verhalten der Schüler gab?

Wusste sie nicht, dass Kinder in der Lage waren, sich zu ändern, und dass ein Lehrer viel zu einer solchen Veränderung beitragen konnte?

Eine Welle von Zweifel rollte über mich hinweg. War ich naiv? Auf dämliche Weise idealistisch? Plötzlich erinnerte ich mich an einen Film, den ich vor Jahren in einer Lehrveranstaltung gesehen hatte.

Eine Grundschullehrerin mit völlig ernstem Gesicht hatte ihrer Klasse erzählt, dass neueste Forschungen beweisen würden, dass Kinder mit braunen Augen schlauer wären als solche mit blauen und ihnen deshalb überlegen seien. Den restlichen Tag über verhielten sich die Kinder den neuen Erwartungen gemäß.

Die braunäugigen Kinder, begeistert von der Neuigkeit, erbrachten bessere Leistungen als je zuvor. Und die blauäugigen Kinder, selbst die schlauesten, waren so irritiert und verärgert, dass sie ihrer Arbeit nicht nachgehen konnten.

Am nächsten Tag erzählte die Lehrerin der Klasse, wieder mit einem ernsten Gesicht, dass ein Fehler unterlaufen sei. In Wirklichkeit wären blauäugige Kinder überlegen und braunäugige Kinder dumm und unterlegen. Erneut bestimmte die Erwartungshaltung der Lehrerin die Leistung der Kinder. Nun waren die blauäugigen Kinder an der Reihe zu prahlen und zu glänzen, während die braunäugigen Kinder kaum funktionierten und von Scham und Selbstzweifeln geplagt wurden.

Die Methoden der Lehrerin gefielen mir gar nicht, aber es gab keinen Zweifel an den Ergebnissen ihres Experiments. Der krasse Beweis der Macht eines Lehrers, das Selbstbild eines Schülers zu beeinflussen, sei es zum Guten oder zum Schlechten, hatte sich für immer in mein Gehirn eingebrannt. Ich würde nicht in die Falle tappen, Frau Detners Wahrnehmung der Kinder zu akzeptieren. Alle Kinder in meiner Klasse würden „Augen in der richtigen Farbe" haben. Aber war ich der bevorstehenden Aufgabe gewachsen? An diesem Nachmittag, als ich meinen Hund ausführte, dachte ich über Nicole nach, ein schlaues, aufgewecktes Mädchen in meiner letztjährigen Klasse. Ich hatte beobachtet, wie ihre Lehrer sie, ohne böse Absicht, Stück für Stück in eine Rolle gezwängt hatten.

Ich hörte, wie ihr Sportlehrer rief: „Nicole, hältst du bitte mal die Luft an? Du hältst einfach nie den Mund!"

Ich hörte, wie ihr Französischlehrer schimpfte: „Nicole, nimm die Hand herunter. Ich weiß, dass du die Antwort kennst. Lass jemandem anderen eine Chance, etwas zu sagen."

Ich hörte, wie ihr Musiklehrer sagte: „Nicole, musst du immer alles kommentieren? Es interessiert mich nicht, welche Lieder du gerne singen würdest. Behalte deine Meinung zur Abwechslung für dich."

Ich hörte, wie ich selbst sagte: „Nicole, es stört alle, wenn du redest. Siehst du nicht, dass viele immer noch an ihrem Test arbeiten?" Nicole lief rot an und hörte auf, aber ein paar Minuten später sah ich, wie sie sich im Stuhl herumdrehte und mit dem Mädchen hinter sich plapperte. Verzweifelt ging ich hinüber, fasste sie an den Schultern und drehte sie um. „Nicole", befahl ich, „hör auf! Du bist eine dauernde Redemaschine."

Wir nahmen an, dass wir sie, indem wir ihr immer wieder sagten, was falsch an ihr war, dazu bringen könnten, zuzuhören und sich zu bessern. Vielleicht hat sie zugehört, aber sie hat sich definitiv nicht gebessert. Tatsächlich schien sie sogar weniger Selbstkontrolle an den Tag zu legen. Es war fast, als ob sie uns allen sagte: „Wenn ihr mich so seht, dann werde ich so sein." Vielleicht waren wir Lehrer verantwortlich dafür, ihre Rolle als „ununterbrochener Redner" zu bekräftigen.

Zurück im Haus versuchte ich Nicoles Reaktion aus einer anderen Perspektive – einer weniger mitfühlenden – zu sehen. Wieso sollte die Bürde, Nicoles Verhalten zu ändern, allein auf den Schultern ihrer Lehrer ruhen? Wo blieb da Nicoles eigene Verantwortung? Wieso hatte sie nicht auf unsere Kritik reagiert und zumindest kleine Versuche, sich zu bessern, gezeigt? Das Telefon klingelte. Ich hörte Jessies warme, beruhigende Stimme. „Wir vermissen dich hier alle", sagte sie. „Wie läuft es da drüben?"

Ich konnte ihr nicht schnell genug erzählen – von Frau Detner und was sie über die Kinder gesagt hatte, von meinen Erinnerungen an Nicole und meinen letzten Gedanken über ihre sture Trotzhaltung.

„Whoa", sagte Jessie, „ich bin mir gar nicht sicher, dass sie absichtlich trotzig war. Kann es nicht sein, dass sie sich hilflos fühlte und das Bild, das all ihre Lehrer ihr von ihr gegeben hatten, nicht abwehren konnte? Wenn ein Kind immer und immer wieder hört, wie alle dasselbe über es sagen, dann glaubt es das irgendwann."

„Was macht dich da so sicher?", fragte ich. Es gab eine lange Pause. „Jessie", stupste ich sie an, „sag es mir."

„Oh ... Ich schätze, ich habe gerade an mich selbst gedacht, als ich zwölf war und sehr unsicher, und daran, was in meinem ersten Jahr fort von zu Hause, im Sommercamp geschah."

„Du hattest keine gute Zeit?"

„Doch, tatsächlich war mein erster Sommer wunderbar. Meine Zimmergenossen mochten mich, meine Betreuerin mochte mich, sogar die Jungen mochten mich. Ich lernte zu schwimmen und mit einem Kanu zu paddeln und ich habe den Preis für Fair Play bekommen und bin mit mehr Selbstvertrauen nach Hause gekommen, als ich je hatte. Es war der beste Sommer meines Lebens."

„Diese vielen positiven Rückmeldungen haben dir also ein ganz anderes Gefüh für dich selbst gegeben."

„Jetzt lass mich dir erzählen, was negative Rückmeldungen anrichten können", fuhr Jessie fort. „Im nächsten Sommer kehrte ich ins selbe Camp zurück, aber diesmal war alles anders. Ich hatte eine neue Betreuerin und auch neue Zimmergenossen, eine jungs- und klamottennärrische Clique, die entschied, ich sei ‚unreif' und eine ‚Null'. Ich strengte mich sehr an, mich anzufreunden, aber die Mädchen schlossen mich aus. Und die Jungen interessierten sich nur für die neuen Mädchen.

Selbst meine Betreuerin gab mich auf, sobald sie mich zum ersten Mal einen Ball werfen sah, und nannte mich einen ‚Tollpatsch'. Am Ende des Sommers hatte ich aufgegeben. Beim letzten Baseballspiel der Saison wählten die Mannschaftskapitäne abwechselnd die Spieler und niemand wählte mich.
Ich saß eine Weile auf der Bank und sah zu, dann ging ich zurück ins leere Schlafquartier und da ich nichts Besseres zu tun hatte, wusch ich meine Socken. Ich kann mich immer noch erinnern, wie ich zusah, wie der Schaum und das dreckige Wasser in einem Wirbel den Abfluss hinunterflossen, und dass ich mich fühlte, als ob ich zusammen mit dem Dreck in dem Loch verschwand. Niemand wollte mich. Niemanden interessierte es, ob ich lebte oder tot war. Und es gab absolut nichts, das ich tun konnte, um das zu ändern."

Ich war still, weil ich mit ihr fühlte und nicht wusste, was ich sagen konnte. Schließlich fragte ich: „Jessie, willst du mir sagen, dass es beinahe unmöglich ist, die Sichtweise, die andere auf einen haben, zu bezwingen?"

„Vielleicht sind manche Kinder stark genug, sich fest an ihr inneres Zentrum zu klammern und weiter an sich zu glauben. Ich war es nicht."

Jessie wechselte dann das Thema, aber als unser Gespräch zu Ende war, konnte ich nicht aufhören, über ihre beiden Sommer nachzudenken. Jessie schien so eine starke, selbstsichere Erwachsene zu sein, dass es mir schwer fiel, mir vorzustellen, dass sie einmal ein unsicheres Mädchen war, verwundbar durch die Weise, wie andere Menschen sie sahen.

Dann dachte ich an die Kinder auf meiner Klassenliste, die Frau Detner so ordentlich in Schubladen gepackt hatte, und fragte mich, wie verwundbar sie sein mochten.

Als ich am Montag endlich meine fünfte Klasse traf, war ich erleichtert und positiv überrascht. Keiner wirkte allzu schrecklich. Im Wesentlichen sahen sie aus wie jede andere Gruppe normaler Kinder. Aber bis zum Ende der ersten Woche kam es mir öfter als einmal in den Sinn, dass ein Körnchen Wahrheit in Frau Detners Charakterisierung der Kinder lag. Ich wischte diesen hässlichen Gedanken beiseite und beschloss, weiter nur das Beste in meinen Schülern zu suchen. Das Letzte was sie von mir brauchten, war eine weitere Dosis giftiger Rollenzuweisungen.

Am Ende der zweiten Woche bemerkte ich, dass meine guten Absichten nicht genug waren. Zum Beispiel wenn Elisabeth Ritscher ihr Lineal schon wieder vergessen hatte. Ich wusste genug, um sie nicht als „Schussel" zu bezeichnen, aber obwohl ich meine Zunge kontrollierte, konnte ich meine Gedanken scheinbar nicht kontrollieren. Ich konnte nicht aufhören, von ihr als „Schussel" zu denken, und hörte mich Dinge sagen wie: „Elisabeth, hast du heute an das Geld für dein Mittagessen gedacht? ... Jetzt lass deinen Pullover nicht wieder liegen ... Kontrolliere, ob du dein Hausaufgabenheft in den Schulranzen gesteckt hast, damit du es nicht wieder verlierst."

Es stimmt, ich nannte sie nie einen „Schussel", aber ich strahlte doch offensichtlich aus, wie ich sie sah. Und dasselbe tat ich auch mit den anderen Kindern. Ich nannte Elias Simon nie einen „schlechten Zuhörer", aber ich sagte ihm durch zusammengebissene Zähne: „Elias, versuch wenigstens aufmerksam zu bleiben, bitte, ja?" Ich nannte Julian Potts nie einen „Trödler", aber ich ermahnte ihn: „Julian, sei doch nur dieses eine Mal nicht der Letzte, der das Zimmer verlässt." Ich sagte Theo Schultz nie, dass er ein Schandmaul hätte, aber die Blicke, die ich ihm zuwarf, übermittelten die Nachricht unmissverständlich.

Ich erkannte, dass ich einen Plan benötigte. Ich setzte mich an diesem Wochenende hin und schrieb eine Liste all der Persönlichkeitsmerkmale, die mich an meinen Schülern am meisten störten. Dann las ich das Kapitel in „So sag ich's meinem Kind" darüber, wie man Kinder aus den Rollen befreit, die sie spielen, und überarbeite die Zusammenfassung, indem ich das Wort „Kinder" durch das Wort „Schüler" ersetzte.

So helfen Sie Ihren Schülern, sich selbst zu finden

1. Suchen Sie nach Gelegenheiten, den Schülern ein anderes Bild von sich selbst zu zeigen.
2. Bringen Sie die Schüler in Situationen, in denen sie sich anders sehen können.
3. Lassen Sie die Schüler mithören, wenn Sie positiv über sie sprechen.
4. Führen Sie den Schülern das Verhalten vor, das Sie gerne sehen würden.
5. Erinnern Sie die Schüler an frühere Erfolge.
6. Nennen Sie Ihre Gefühle und/oder Erwartungen.

Auf den folgenden Seiten sehen Sie einige Beispiele, die ich ausgearbeitet habe, indem ich mir vorstellte, all die Tipps auf meiner Liste mit den Schülern in meiner Klasse in die Tat umzusetzen.

Suchen Sie nach Gelegenheiten, den Schülern ein anderes Bild von sich selbst zu zeigen

~~schlechter Zuhörer~~

Elisabeth, du hast wohl gut aufgepasst. Du hast dich genau an die Anweisungen gehalten.

~~Trödler~~

~~Klassenclown~~

~~Nervenbündel~~

Bringen Sie die Schüler in Situationen, in denen sie sich anders sehen können.

~~unzuverlässig~~

~~kurze Aufmerksamkeitsspanne~~

~~schüchtern~~

~~hinterhältig~~

Lassen Sie die Schüler mithören, wenn Sie positiv über sie sprechen.

~~schlechte Impulskontrolle~~

~~langsamer Lerner~~

Führen Sie den Schülern das Verhalten vor, das Sie gerne sehen würden.

~~loses Mundwerk~~

~~Aufschieben~~

Erinnern Sie die Schüler an frühere Erfolge.

~~Schussel~~

Aber was, wenn ein Schüler sich weiterhin seiner alten Rolle gemäß verhält?

Nennen Sie Ihre Gefühle und/oder Erwartungen.

~~Angeber~~

~~Lügner~~

Ich war froh, dass ich es geschafft hatte, herauszufinden, was ich sagen konnte, um meinen Schülern ihre Rollen zu nehmen, denn das Ergebnis dieser selbstauferlegten Übung, war, dass ich begann anders von ihnen zu denken. Und während ich ihnen ein positiveres Bild von sich zeigte, sah ich mit eigenen Augen, wie Stück für Stück Veränderungen vor sich gingen:

Elisabeth Ritscher erinnerte sich tatsächlich daran, die unterschriebene Erlaubnis ihrer Eltern für den Wandertag mitzubringen.

Kira Kalinin gab zu, sich Elisabeths Lineal „ausgeborgt" zu haben.

Henri Bertolt meldete sich freiwillig, um eine Antwort zu geben.

Elias Simon leistete einen ernsthaften Beitrag zur Diskussion.

Julian Potts kam drei Tage in Folge pünktlich.

Theo Schultz schaffte es eine ganze Woche, keinen Streit anzufangen.

Und zur Überraschung aller schlug er in einem Moment der Frustration mit der Faust auf den Tisch und rief: „Ach, verflixt!"

Ich war so aufgeregt wegen dem, was ich sah, dass ich es jemandem erzählen musste. Natürlich rief ich Jessie an. „Jeden Tag", sagte ich triumphierend, „kann ich sehen, wie diese Kinder sich von ihren alten Rollen lösen und neue Seiten an sich erforschen."

Jessie war begeistert.

„Ich gratuliere dir", sagte sie. „Und jetzt kannst du mir gratulieren."

„Wozu?", fragte ich.

„Dazu, dass ich, nachdem ich das letzte Mal mit dir gesprochen habe, bemerkt habe, wie ich meine eigenen Kinder in Rollen zwänge."

Ich war schockiert. „Wovon redest du? Was für Rollen? Welche Kinder?"

„Meine – Diane und Emily. Sie liegen altersmäßig so nah beieinander und sie wetteifern so sehr miteinander, dass ich wollte, jede von ihnen wüsste, wie besonders sie ist. Also sagte ich Diane, sie sei die Künstlerin in der Familie, und Emily, sie sei die Autorin. Ich nahm sogar den kleinen Jason noch mit in den Reigen und sagte ihm, er sei der Musiker."

„Was ist daran falsch?", fragte ich. „Das sind alles sehr positive Rollen."

„Das ist der springende Punkt", sagte Jessie. „Positiv oder negativ, Rollen sind Rollen. Kinder bleiben darin stecken und bekommen Angst davor, irgendetwas anderes auszuprobieren. Wieso sollten sie es riskieren, sich schlechter als der Bruder oder die Schwester zu machen?"

„Oder besser zu sein", sagte ich, „und somit zu riskieren, dass der Bruder oder die Schwester einen dafür hasst."

„Genau", sagte Jessie. „Ich möchte, dass du weißt, Jessie, dass es deine Entschlossenheit war, Rollen in deinem Klassenzimmer zu beseitigen, die mich dazu inspirierte, dasselbe zu Hause zu versuchen."

Auf den nächsten beiden Seiten sehen Sie in Comicform, wie nach Jessies Bericht ein typisches Gespräch mit Diane ablief, und anschließend, Jessies Versuch, ihre Tochter aus der Rolle zu befreien, die sie ihr gegeben hatte.

Ein Kind in einer Rolle einschließen

Ein Kind aus einer Rolle befreien

Ich konnte nicht aufhören, über die beiden Szenarios nachzudenken, nachdem ich das Telefonat mit Jessie beendet hatte. Ich wusste, wenn ich mir Sorgen wegen eines Aufsatzes machen und mich der Gedanke plagen würde, dass meine Schwester „die Autorin in der Familie" sei, würde ich keinen Trost darin finden, dass meine Mutter darauf bestand, dass ich die größere Künstlerin sei. Nicht nur würde ich mich zu entmutigt fühlen, um auch nur mit meinem Aufsatz anzufangen, sondern ich würde vermutlich denken: „Wenn meine ‚Kunst' das ist, was meinen Wert in der Familie ausmacht, was passiert dann mit mir, wenn ich eines Tages nicht mehr gut im Malen und Zeichnen bin? Oder wenn meine Schwester eines Tages mit einer wundervollen Zeichnung nach Hause kommt? Welchen Platz hätte *ich* da noch?"

Aber wenn ich mich in der zweiten Szene wiederfinden würde, in der meine Mutter sich nur auf mich konzentrieren und meine einzigartigen Kräfte herausstellen würde, würde ich mich ganz anders fühlen. Ich würde denken: „Vielleicht *könnte* ich diesen Aufsatz bewältigen. Vielleicht *gab* es etwas, das ich zum Thema Freiheit zu sagen hatte." Es würde gar keine Rolle spielen, ob meine Schwester eine gute oder schlechte Schriftstellerin war. Sie konnte die Schriftstellerin sein, die sie sein wollte. Und ich würde die Freiheit haben, ich selbst zu sein.

Es gab so viel, worüber ich nachdenken musste. Dabei erschien mir alles so klar wie noch nie in meinem Leben. Meine Rolle als Lehrerin und Jessies Rolle als Mutter musste es sein, mit *größter Strenge darauf zu achten, dass es gar keine Rollen gab. Der Charakter von Kindern darf nicht mehr in Schubladen gepresst werden.* <u>Jedes Kind</u> muss als Person mit vielfältigen Facetten gesehen werden – in einem Moment schüchtern und verschlossen, in einem anderen ausgelassen und kontaktfreudig, in einem langsam und nachdenklich, in einem anderen flink und zielgerichtet, in einem stur und unkooperativ, in einem anderen flexibel. Aber nie gleich, immer im Wandel, immer mit der Fähigkeit, sich zu ändern und zu wachsen.

Keine Schubladen für schulische Fähigkeiten mehr – „überdurchschnittlich" ... „unterdurchschnittlich" ... „mittelmäßig" ... „hervorragend" ... „langsam". Jedes Kind muss als „lernbegabt" gesehen und ermutigt werden, die Freuden intellektueller Entdeckungen zu erleben und die Befriedigung, die daraus erwächst, Fortschritte zu machen – egal wie schnell oder langsam.

Kinder mit seltenen künstlerischen oder sportlichen Talenten dürfen *nicht mehr ausgesondert* und auf Kosten ihrer weniger begabten Geschwister oder Mitschüler mit Aufmerksamkeit überschüttet werden. Ja, die besonders begabten brauchen Aufmerksamkeit und Unterstützung, aber das gilt für alle Kinder. *Jedes Kind* muss ermutigt werden, die Freuden des Sports, der Musik, des Tanzes, des Theaters und der Kunst zu erleben, ohne sich Sorgen darüber machen zu müssen, ein Spitzenathlet, ein musikalisches Genie, die beste Schauspielerin der Klasse oder der Künstler in der Familie sein zu müssen.

Die Hoffnungen, Träume und Möglichkeiten von Kindern dürfen nicht mehr in Schubladen eingesperrt werden. Wer weiß, was aus uns werden mag, wenn es auch nur eine Person gibt, die ausreichend stark an uns glaubt, um uns zu helfen, unser unerforschtes Selbst zu endecken.

Zur Erinnerung

Ein Kind aus einer Rolle befreien

Zu Hause und in der Schule

Erwachsener: Nicole, du bist eine „Quasseltante". Die anderen bekommen gar keine Gelegenheit, sich einzubringen.

So helfen Sie Kindern, sich selbst zu finden:

1. Suchen Sie nach Gelegenheiten, den Kindern ein anderes Bild von sich zu zeigen.
   „Welche Selbstbeherrschung! Obwohl du noch viel mehr zu sagen hattest, hast du bemerkt, dass andere auch die Möglichkeit brauchen zu sprechen."
2. Bringen Sie die Kinder in Situationen, in denen sie sich anders sehen können.
   „Nicole, ich möchte, dass du das (Klassen-/Familien-)Treffen leitest und sicherstellst, dass jeder ausreichend Redezeit bekommt."
3. Lassen Sie die Kinder mithören, wenn Sie positiv über sie sprechen.
   „Nicole hat so viele wundervolle Ideen, dass es ihr schwerfällt, sie für sich zu behalten. Trotzdem habe ich gesehen, wie sie sich zurückhält."
4. Führen Sie den Kindern das Verhalten vor, das Sie gerne sehen würden.
   „Oh, das tut mir leid. Ich wollte nicht unterbrechen. Bitte sprich weiter. Ich behalte meinen Gedanken im Kopf."
5. Erinnern Sie die Kinder an frühere Erfolge.
   „Ich erinnere mich an unsere Diskussion über die Todesstrafe. Du hast ruhig zugehört, aber als du schließlich deine Ansicht mit uns geteilt hast, haben einige ihre Meinung geändert."
6. Nennen Sie Ihre Gefühle und/oder Erwartungen.
   „Nicole, wenn andere Leute darauf warten, dass sie etwas sagen können, wünsche ich mir, dass du deine Beiträge knapp formulierst."

Fragen und Geschichten von Eltern und Lehrern

Fragen von Eltern

1. Wenn wir Kinder dazu ermutigen, die Rollen aufzugeben, die sie spielen – etwa den „Big Boss", den „Kritiker", den „Dickkopf" oder das „Sensibelchen" –, besteht dann nicht die Gefahr, dass auch die guten Aspekte der Rollen verlorengehen, zusammen mit den schlechten?

Immer wenn wir einem Kind helfen, das Wagnis einer neuen Verhaltensweise einzugehen, müssen wir sichergehen, dass wir die Aspekte der Rolle unterstützen, die es gespielt hat. Der „Big Boss" muss Anerkennung für seine Führungsqualitäten bekommen. Die „Kritikerin" braucht Lob für ihre Beobachtungsgabe. Der „Sturkopf" braucht Respekt für seine Beharrlichkeit und Entschlossenheit. Das „Sensibelchen" braucht Bestätigung für sein mitfühlendes Herz.

2. Ich versuche meinem Sohn dabei zu helfen, seine Rolle zu ändern von unzuverlässig zu zuverlässig. Jetzt frage ich mich, ob ich ihn nicht aus einer Rolle befreie, um ihn in eine andere zu stecken. Was denken Sie?

Es ist wichtig, dass wir Kinder in keine Rollen zwängen. Es würde sich für ein Kind ebenso bedrohlich anfühlen, wenn ihm gesagt wird: „Du bist *immer* so zuverlässig", wie wenn es immer zu hören bekommt: „Ich kann mich *nie* auf dich verlassen." Weisen Sie Ihren Sohn stattdessen auf eine Gelegenheit hin, bei der er sich zuverlässig verhalten hat: „Du hast gesagt, du übernimmst die Verantwortung dafür, den Preis für dein verlorenes Buch herauszufinden, und das hast du getan." Das zeigt ihm, dass er verantwortungsvoll sein kann, wenn er sich dafür *entscheidet*.

3. Ich verstehe immer noch nicht, welcher Schaden entstehen soll, wenn man einem Kind sagt: „Du bist immer so zuverlässig." Das gibt ihm doch ein Ziel, an dem es sich orientieren kann, oder nicht?

Wenn man einem Kind sagt, dass es *immer* so und so ist, drängt man es weit in die Ecke. Es kann sich entweder unzuverlässig verhalten, um Sie vom Gegenteil zu überzeugen, oder es kann die neue Rolle annehmen – unabhängig von den Umständen oder der Höhe des persönlichen Preises („Mein Knöchel ist immer noch nicht verheilt, aber ich kann mein Team nicht verlassen"). Wir wollen, dass unsere Kinder frei von solchen Zwängen sind – dass sie in der Lage sind, jede Situation neu zu bewerten und ihre Entscheidungen auf ihr eigenes Urteil zu stützen und nicht auf die Ansicht von jemand anderen, darüber, wie sie sich *immer* verhalten sollten.

4. Gibt es irgendetwas, das man tun kann, wenn ein Kind ein anderes in eine Schublade steckt? Ich denke an meine Tochter Vivi, die ihre Freundin Samira „gemein und egoistisch" nennt, immer wenn die beiden zusammen spielen und Samira ihr nicht gibt, was sie will.

Unterschätzen Sie niemals die Kraft, die Sie als Eltern haben, die Kinder in ihrer Obhut zu beeinflussen. Wenn ein Kind ein anderes in eine Schublade steckt, können Sie eingreifen, um beiden zu helfen, das Beste im jeweils anderen zu sehen: „Vivi, wieso fragst du Samira nicht nach dem, was du willst, *ohne* ihr einen Namen zu geben? Bestimmt kann sie großzügig sein, wenn man sie freundlich fragt."

Geschichten von Eltern

Diese erste Geschichte stammt von der Mutter eines „vergesslichen“ Kindes.

Meine Tochter Polly ist ein typischer verwirrter Professor. Wenn es Zeit ist, dass sie ihre Hausaufgaben macht, entdecke ich, dass sie entweder ihr Buch nicht mit nach Hause gebracht hat oder das Aufgabenblatt verloren hat oder dass sie sich an ihr Buch erinnert hat, aber nicht daran, welche Seite sie bearbeiten soll. Selbst ihre Großmutter, die sehr für sie schwärmt, sagt, dass sie ihren Kopf vergessen würde, wenn er nicht fest auf ihren Schultern sitzen würde.

Ich habe alles versucht – Geduld, Schreien, ihr lange Vorträge über Zuverlässigkeit halten. Nichts funktioniert. Mein Mann sagt mir immer wieder, dass ich alles nur schlimmer mache und Polly ein schlechtes Selbstbild gebe. Letzte Woche war ich so genervt von ihm, dass ich sagte: „Gut. Dann übernimmst du.“ Und das hat er.

Als Polly mich zum Beispiel um sieben Euro für den Schulausflug bat, habe ich nicht viel Aufhebens darum gemacht, dass sie ihr Geld beim letzten Mal verloren hat. Ich sagte einfach, sie solle mit ihrem Vater sprechen. Er hatte keine Münzen, also gab er ihr einen Zehn-Euro-Schein und sagte: „Ich erwarte, dass du drei Euro Wechselgeld zurückbringst. Suche einfach einen sicheren Ort, wo du es aufbewahren kannst, bis du es mir geben kannst.“ Und das tat sie! Sie steckte es in ihren Schuh und gab ihm sein Wechselgeld, als er an diesem Abend nach Hause kam.

Ungefähr eine Stunde später geriet sie in Panik, weil sie ihr Hausaufgabenheft nicht finden konnte. Mein Mann sagte: „Polly, wenn du zuhören kannst, hätte ich eine Frage an dich.“ Sie sagte sofort: „Was denn?“

Er sagte: „Wen kennst du in deiner Klasse, der wissen könnte, was ihr aufhabt?“

Sie sagte: „Cindy", und ging direkt in die Küche, um sie anzurufen. Später, als mein Mann in ihr Zimmer ging, um ihr gute Nacht zu sagen, gab er ihr die drei Euro zurück und noch drei Euro dazu und sagte ihr, sie solle sich das größte Hausaufgabenheft kaufen, das sie für das Geld finden könnte, und dass sie etwas auf den Umschlag schreiben sollte, das ihr helfen würde, sich daran zu erinnern, es mit nach Hause zu nehmen.

Sie sagte: „Was zum Beispiel?"

Er sagte: „Jemandem, der so schlau ist, Geld in seinem Schuh aufzubewahren, fällt auch etwas ein, das er schreiben kann."

Sie sagte: „Ich weiß. Ich schreibe: ‚Vergiss mich nicht, du Schlaue.'" Dann kicherte sie.

Ich muss zugeben, ich glaube, mein Mann ist auf dem richtigen Weg.

*

Die nächste Geschichte zeigt eine Stiefmutter, die ihre Stieftöchter davor beschützt, von gedankenlosen Verwandten in Rollen gedrängt zu werden.

Ich habe vor Kurzem einen Mann geheiratet, der zweieiige Zwillingsmädchen hat. Bei unserem Weihnachtsessen habe ich gehört, wie ihr Onkel sie im Scherz „die Schöne" und „die Schlaue" nannte. Es stimmt, dass eine von ihnen außergewöhnlich hübsch und die andere eine Musterschülerin ist, trotzdem war ich schockiert. Ich wandte mich zu den Mädchen, um zu sehen, wie sie reagierten. Keine von ihnen schien überrascht. Offensichtlich hatten sie es ihn schon früher sagen hören. Eine Tante versuchte das Thema zu wechseln, aber ich war so verärgert, dass ich es nicht auf sich beruhen lassen konnte. Laut sagte ich: „Ich kenne Nele und Ellen jetzt seit fast einem Jahr und als jemand, der mit ihnen zusammenlebt, kann ich dir versichern, dass sie *beide* mit überragender Intelligenz gesegnet sind. Und für mich sehen sie *beide* sehr schön aus."

Ich habe mich bei dem Onkel vielleicht nicht unbedingt beliebt gemacht, aber ich konnte den Mädchen am Gesicht ablesen, dass sie froh darüber waren, was ich gesagt hatte.

*

Eine ehrenamtliche Nachhilfelehrerin berichtete von der folgenden Erfahrung:

Ich hatte eine dritte Klasse, in der viele Kinder einen Migrationshintergrund hatten und die meisten sehr arm waren. Viele ihrer Eltern waren Wanderarbeiter. Die Lehrerin nahm mich an meinem ersten Tag beiseite und sagte mir, ich würde mit Floh und Jonathan arbeiten, beide neun Jahre alt. Dann erklärte sie mir deren Hintergrund: Floh kam aus einer Familie, in der Drogen und Gewalt eine große Rolle spielten. Jonathan lebte bei seiner Großmutter, weil sein Vater im Gefängnis war. Sie warnte mich, ich solle nicht zu viel von ihnen erwarten: „Sie machen beide gerne Ärger und sie sind nicht die Hellsten. Tatsächlich werden solche Kinder in dieser Schule", sie senkte ihre Stimme, „‚Wegwerfkinder' genannt."

Ich konnte nicht darüber hinwegkommen, was sie gesagt hatte. Wegwerfkinder? Menschlicher Abfall? Das waren für mich Kampfbegriffe! Ich begann meine erste Lesestunde mit den beiden mit der Entschlossenheit, mich ihnen gegenüber anständig zu verhalten. Sie gähnten mir ins Gesicht. Floh erzählte mir, er hätte eine Sendung im Fernsehen gesehen, die um Zwei am Morgen endete, und Jonathan sagte, er sei hungrig. Später fand ich heraus, dass er kein Frühstück gehabt hatte.

Am nächsten Tag brachte ich einen Imbiss für die beiden Jungen mit in die Schule, und sie aßen, während ich ihnen vorlas. Dann gab ich ihnen jeweils ein Buch mit Rätseln und Witzen und bat sie, etwas auszuwählen, um es laut vorzulesen. Jonathan wählte einen Witz über einen Bauern und sein Schwein. Ich lachte über die Pointe. Dann fragte Bill: „Kann ich meines vorlesen?" Er las stockend, aber er schien den Inhalt zu verstehen. An diesem Tag brach das Eis. Ich brachte weiterhin Essen mit und arbeitete mit ihnen an ihren Lese- und Rechenfertigkeiten. Sie waren *ziemlich* helle, alle beide. Jonathan las mit großem Verständnis und Floh war gut mit Zahlen. Ich ließ keine Gelegenheit verstreichen, sie wissen zu lassen, wie beeindruckt ich von ihrem schnellen Fortschritt war und wie gerne ich mit ihnen zusammenarbeitete. Es war nicht aufgesetzt, ich verliebte mich wirklich in die beiden Kinder. Nach ein paar Monaten waren sie im Lesen und Schreiben auf dem Klassenniveau und arbeiteten mit. Ich fühlte mich bestätigt. Ich wusste, es lag daran, dass ich diese „Wegwerfkinder" als wichtige, respektable Kinder behandelte hatte, die ich wertschätzte.

Ein paar Wochen vor dem Ende des Schuljahres wurde die Wohnung von Flohs Familie zwangsgeräumt, und er musste die Schule verlassen. Als er an seinem letzten Tag ins Klassenzimmer kam, wirkte er traurig und verschlossen. Ich sagte ihm, ich würde ganz sicher seine Adresse von der neuen Schule erfragen, damit Jonathan und ich ihm schreiben könnten. Dann umarmte ich ihn zum Abschied und sagte ihm, ich würde ihn nie vergessen.

In den darauffolgenden Tagen vermisste ich Floh ganz schrecklich und wünschte mir, ich hätte mehr Zeit mit ihm verbringen können, und fragte mich, wie lange sein positiveres Selbstbild in der kalten, ablehnenden Welt wohl Bestand haben würde.

Fragen von Lehrern

1. Ich wurde beauftragt, meine Schüler am ersten Schultag über die Regeln zu informieren und über die Konsequenzen, die deren Nichtbefolgung haben würde – der Name an der Tafel, Pausenhofverbot, Anruf bei den Eltern, Nachsitzen etc., bis hin zum Schulausschluss. Jetzt frage ich mich, ob dieser Ansatz die Kinder nicht in die Rolle der „Krawallmacher" versetzt und ihnen die Botschaft vermittelt, dass ich Fehlverhalten von ihnen erwarte. Was denken Sie?

Schüler neigen dazu, den Erwartungen ihrer Lehrer zu entsprechen oder sie zu enttäuschen. Wenn Sie sie für mangelhaft halten und denken, dass sie erst in Ordnung gebracht und gerade gerückt werden müssen, werden sie ihnen reichlich zu tun geben. Wenn Sie sich stattdessen entscheiden, darauf zu achten, was positiv an ihnen ist, und darauf zu bauen, werden sie ebenso hart arbeiten, um Ihren Glauben in sie zu rechtfertigen.

Eine Lehrerin berichtete, dass sie das Schuljahr damit beginnt, einige besonders aufregende Projekte zu beschreiben, die sie plant (zum Beispiel einen Klassen-Radiosender), und klarzustellen, dass dies Einsatz und Engagement aller erfordern werde. Dann zeigt sie auf eine Liste an der Tafel und sagt: „Lasst uns jetzt ein paar Regeln ansehen, die uns helfen werden, unsere Ziele zu erreichen. Die meisten davon kennt ihr vermutlich schon."

Sie sagte: „So wissen meine Schüler von Anfang an, dass ich sie als prinzipiell verantwortungsvoll betrachte, als kooperative, kreative Menschen, die etwas Wertvolles zu ihrer Klasse beizutragen haben."

2. Was kann man tun, wenn ein Schüler, trotz aller Bemühungen, in der Rolle, die er spielt, verharrt?

Halten Sie durch. Nehmen Sie den Widerstand des Kindes nicht persönlich. Auch wenn es fortfährt, eine negative Rolle zu spielen, tut es das nicht unbedingt, um es „Ihnen zu zeigen". Vermutlich klammert es sich an das Sichere und Vertraute. Es braucht vielleicht viele Wiederholungen Ihrer neuen Worte und Ihrer neuen Haltung, bevor es anfangen kann, Ihnen und sich selbst so weit zu vertrauen, dass es mit neuen Verhaltensweisen experimentieren kann.

3. Die Schule, an der ich unterrichte, liegt in einer Gegend mit sehr hoher Gewaltbereitschaft. Einige der Lehrer scheinen es einfach hinzunehmen, dass die Kinder hier „jugendliche Straftäter" sind, die gemein und grob miteinander umgehen – selbst im Spiel –, und dass es nicht viel gibt, was man dagegen tun kann. Ich frage mich, ob Sie da zustimmen.

Die Ansicht, die Sie beschreiben, kann gefährlich sein. Wenn wir Erwachsenen still danebenstehen und es erlauben, dass Kinder sich „im Spiel" gegenseitig verletzen, gestatten wir eine Form von Gewalt, die auf alle ihre Beziehungen übergreifen kann. Wir sollten Kinder nicht so behandeln, wie sie sind, sondern so, wie wir hoffen, dass sie sein werden. Eine Lehrerin, die es sehr beunruhigte, wie kaltherzig sich ihre Schüler verletzten, sowohl körperlich als auch verbal, berichtete, dass sie entschlossen war, ihnen zu helfen, sich selbst als Menschen zu sehen, die auf die Gefühle anderer achten *könnten*. Als ihr Herumtollen zu grob wurde, ging sie dazwischen, indem sie sagte: „Hey, das kann weh tun! Eine Möglichkeit zu erkennen, ob man jemandem wehtut, ist es, in sein Gesicht zu sehen. Sieht er verärgert aus? Weint er? So weißt du, dass du zu weit gegangen bist."

Einmal entdeckte sie in der Pause eine Gruppe, deren spielerischer Ringkampf damit endete, dass eine Gruppe von Kindern ein einzelnes auf den Boden drückte. Der Junge am Boden wirkte verzweifelt, doch die anderen lachten und drückten noch mehr. Als sie versuchte, sie zu stoppen, protestierten die Kinder. Sie sagten, dass sie nicht kämpften, sie „spielten" nur und hätten „Spaß".

Sie antwortete: „In einem gespielten Kampf sollten *alle* Spaß haben. Ihr müsstet den Jungen am Boden fragen, ob *er* immer noch Spaß hat. Wenn das nicht der Fall ist, müsst ihr aufhören." Zusammengefasst sagte sie: „Ich möchte, dass meine Schüler wissen, dass ich ihnen nicht erlauben werde, brutal zu sein oder brutal behandelt zu werden, wenn ich in der Nähe bin."

4. Kommen Kinder nicht mit ganz verschiedenen Persönlichkeiten auf die Welt? Ich habe festgestellt, dass manche meiner Schüler impulsiver, schüchterner oder aggressiver sind als andere. Sie spielen keine Rollen, die ihnen von außen gegeben worden sind.

Nur weil ein Kind mit einer bestimmten genetischen Veranlagung geboren wird, muss es nicht in dieser gefangen sein. Das „impulsive" Kind braucht Hilfe und Übung darin, das Tempo zu drosseln und die Konsequenzen seines Handelns zu bedenken; das „schüchterne" Kind muss die Freuden erfahren, die darin liegen, andere zu erreichen; das „aggressive" Kind muss lernen, wie es mit anderen auf friedvolle Weise in Verbindung treten kann. Wir müssen allen Kindern helfen, alles zu werden, was sie sein können.

Die Geschichte einer Lehrerin

Der folgende Erfahrungsbericht zeigt, was passieren kann, wenn ein Lehrer entschlossen ist, einen Schüler in besserem Licht zu sehen.

Daniel Jung war ein großer, unangenehmer Zehnjähriger, doppelt so groß wie alle anderen in meiner Klasse. Wegen seiner Größe erwartete man von ihm, dass er reifer wäre, aber er benahm sich wie ein großer, lauter, alberner Trottel. Er puffte die anderen Kinder auf den Kopf, schubste sie, warf sich selbst herum; wenn er jemanden kommen hörte, lief er hinaus auf den Flur und schrie: „Aaaahrg!" Alles, um Aufmerksamkeit zu bekommen. Wenn das nicht funktionierte, sprach er laut über „Titten" und „Kacke".

Die Kinder mochten ihn auch nicht. Er machte sich immer über sie lustig: „*Das* hast du nicht gewusst? Du bist dumm!" Auf einem Schulausflug bestand er darauf, dass er im Bus zwei Plätze für sich allein brauche. In der Pause schlang er sein Sandwich hinunter, streckte die Zunge mit halb gekautem Essen heraus und lachte.

Ich musste immer wieder seinen Namen sagen und wurde dabei immer genervter: „Daniel, hör auf! ... Daniel, sei still!" Manchmal stieß ich ihn körperlich zurück auf seinen Stuhl: „Daniel, ich sagte: ‚SETZ DICH HIN!'!"

Die unterschwellige Nachricht in meiner Stimme war: „Ich mag dich nicht ... Deine bloße Anwesenheit nervt mich ... Du bist ein Ärgernis für mich!"

Einmal war ich so aufgebracht seinetwegen, dass ich gestikulierte, als würde ich mir die Haare ausreißen. Daniels Augen leuchteten vor Freude. Breit grinsend sagte er: „Ich mache Sie wahnsinnig, nicht wahr, Frau Bergen?" Er hatte sein Ziel erreicht. Und nicht nur bei mir. Jeder Lehrer an der Schule kannte seinen Namen und alle hassten ihn. In der Pause tauschten sie Daniel-Geschichten aus. Es war berühmt in der Schule. Fast war es lustig, auf eine schreckliche Weise.

Er war so störend, dass ich überlegte, ob ich den Vertrauenslehrer oder den Schulpsychologen hinzuziehen sollte. Aber es gab einen sturen kleinen Teil in mir, der entschied, dass ich es selbst mit ihm aufnehmen würde. Ich wusste, wenn es die geringste Möglichkeit geben sollte, dass Daniel sich veränderte, musste ich meine Strategie ändern. Aber ich merkte auch, dass ich es nicht einfach automatisch tun konnte. Ich musste zumindest eine Fähigkeit an Daniel entdecken, die mir aufrichtig gefiel oder die ich bewunderte. Ohne jegliche echte Gefühle für das Kind, wäre der ganze Prozess nur eine Manipulationsübung. Vielleicht war das besser als nichts, aber ich hoffte auf mehr.

Am nächsten Tag beobachtete ich Daniel wie ein Falke. Seine einzige rettende Zierde war, dass er talentiert im Zeichnen war. Er konnte jedes Objekt, das er sich ansah, genau abbilden. Ich sah, wie Felix ihn zu sich rief, um ihm seine Zeichnung zu zeigen. Felix hat eine schlechte Hand-Auge-Koordination und seine Zeichnung war schwerlich zu entziffern. Trotzdem deutete er auf seine schnörkeligen Linien und sagte Daniel: „Schau, hier ist der Mann, der den Dinosaurier erschießen wird."

Ich dachte, Daniel würde sich über ihn lustig machen, aber stattdessen lächelte er gutmütig, zeigte auf die Schnörkel und sagte motivierende Sachen, wie: „Ja, und hier landet gerade ein Außerirdischer mit seinem Raumschiff." Das berührte mich. Daniel konnte also nett sein. Sogar großmütig! Vielleicht lag es daran, dass er sich auf dem Gebiet der Kunst so sicher fühlte.

Von diesem Moment an verfolgte ich meine „Positiv-Kampagne". Ich begann damit, Daniel für kleine Aufgaben wie das Reinigen der Tafel, das Sortieren der Klassenbibliothek oder das Füttern der Schildkröte auszuwählen und ihm anschließend für seine Hilfe zu danken. Es stellte sich heraus, dass Daniel Tiere mag. Ich übertrug ihm für eine Woche die Verantwortung für den Hamster und sagte ihm, dass die Tiere es sehr zu mögen schienen, wenn er sie hielt, weil er so zärtlich mit ihnen umging. Er strahlte.

Dann arbeitete ich daran, dass auch die anderen Kinder in der Klasse ihn anders sehen würden. Immer wenn jemand Hilfe brauchte, sagte ich: „Oh, lass dir von Daniel zeigen, wie das geht. Er ist gut im Bruchrechnen." Oder: „Daniel, du weißt viel über Tiere. Welche Hunderasse würde sich gut als Wachhund eignen?" Ich hoffte, wenn sie sahen, dass ihre Lehrerin ihn nicht mehr als eine Plage betrachtete, würden sie das auch nicht mehr von ihm denken.

Immer wenn ich ihn unbedingt rügen musste, versuchte ich, es mit etwas Positivem einzuleiten: „Daniel, ich weiß, wie schwer es ist zu warten, aber Felix muss erst zu Ende sprechen." Oder: „Daniel, ich weiß, dass es nicht einfach ist, den Drang, aufzustehen, zu kontrollieren, aber im Moment erwarte ich, dass alle auf ihren Plätzen sitzen und aufpassen." Nach einer Weile fing Daniel an, Sachen zu sagen, wie: „Sehen Sie, Frau Bergen, ich habe mich unter Kontrolle!" Oder: „Sehen Sie, ich habe gewartet, bis ich dran war." Oder: „Ich wollte springen, aber ich hab's nicht getan." Und ich antwortete immer schnell und herzlich: „Das habe ich bemerkt." Oder: „Das war sicher schwierig."

Dann fing ich an, kurze Nachrichten an seine Mutter zu schreiben:

Liebe Frau Jung,

Daniel hat sich in diesem Monat um die Haustiere der Klasse gekümmert und alle Tiere sind sauber, satt und glücklich.

Mit freundlichen Grüßen

Frau Bergen

Daniel war begeistert. Er bat mich, seinen anderen Lehrern zu erzählen, wie er jetzt sei. Dieser Bitte kam ich gerne nach: „Herr Kramer, Daniel hat eine Karte der USA gemalt und alle Staaten und Hauptstädte eingetragen."

Diese kleinen Veränderungen in meinem Verhalten hatten große Veränderungen bei Daniel zur Folge. Er mochte mich nun sehr gern. Er nervte, schubste und ärgerte die anderen Kinder nicht mehr. Er sprang immer auf, um jemandem beim Zeichnen, Lesen oder Tragen zu helfen. Wenn sein neuer Freund, Felix, kein Geld für den Klassenausflug hatte, war Daniel niedergeschlagen und lieh ihm das Geld später in der Woche. Er wurde ein richtiger Teamplayer. Jedermanns Feind wurde zu jedermanns Freund. Er teilte sein Pausenbrot, seine Süßigkeiten, alles. Er war der Gesellige. Er war immer noch laut und grob, aber nun waren diese Eigenheiten abgemildert und mit sozial verträglichen Fähigkeiten vereint.

Den anderen Lehrern fiel auf, wie Daniel nun für mich empfand und sie nutzten dieses Wissen, um sein Verhalten zu kontrollieren. Sie sagten: „Wenn du damit nicht aufhörst, sage ich es Frau Bergen", und er hörte schlagartig auf. Er wollte nicht, dass irgendwelche schlechten Nachrichten über ihn an mein Ohr drangen.

Aber letztendlich drang sein neues Verhalten nie bis zu den anderen Lehrern durch. Sie mochten ihn immer noch nicht und er war nicht bereit, sich kooperativer oder freundlicher zu verhalten für Menschen, die ihn wie eine große Plage behandelten. Man konnte Daniel nicht durch Drohungen dazu überreden, sich besser zu verhalten, wenn er das Gefühl hatte, dass man sich nicht um ihn kümmere. Man musste ihn schätzen, um von ihm geschätzt zu werden.

7.

Die Partnerschaft zwischen Eltern und Lehrern

Es war ein anstrengender Tag gewesen. Während ich nach und nach immer mehr Eltern getroffen hatte, war die Anspannung und Aufregung immer weiter gestiegen. Nun war ich erschöpft. Und es lagen immer noch zahlreiche Gespräche vor mir. Keine Zeit, heimzugehen. Ich fuhr zu einem kleinen Restaurant in der Stadt und hoffte auf ein ruhiges, entspanntes Abendessen, bevor das nächste Elterngespräch anstand.

Der Mann, der sein Auto neben meinem parkte, kam mir bekannt vor. Als er ins Licht trat, erkannte ich ihn sofort. „Jan", rief ich aus, „ich bin so froh dich wiederzusehen. Was tust du hier?"

Jan grinste breit. „Vermutlich dasselbe wie du. Ich habe noch drei Gespräche heute Abend und ich muss mich wieder auftanken. Setzen wir uns zusammen an einen Tisch? Es interessiert mich, wie sie dich in Osbruck behandeln."

So viel zu meinem ruhigen Abendessen. Als wir in das überfüllte Restaurant kamen, sahen wir uns nach einem freien Tisch um. Es gab keinen. Da erklang, begleitet vom Winken einer Hand, eine Stimme: „Lisa! Hier drüben!" Es war Julie, eine ehemalige Schulfreundin, die vor Jahren weggezogen war. Neben ihr saß ihre ältere Schwester Martha.

„Schau nicht so überrascht", sagte Julie. „Ich bin für ein paar Tage bei Martha zu Besuch. Komm setz dich zu uns."

Ich zeigte in Jans Richtung, um anzudeuten, dass wir zusammen hier waren. Julie nickte, zeigte auf zwei leere Stühle an ihrem Tisch und winkte uns beide heran.

Der erste Teil unseres Gesprächs bestand aus gegenseitigem Vorstellen und dem Austausch von Neuigkeiten. Scheinbar war Julie nun alleinerziehend. Sie kam gut damit zurecht, das „Baby" war inzwischen sechs Jahre alt. Marthas ältester Junge war in der Pubertät. Ich erklärte, dass Jan und ich ehemalige Kollegen waren und dass ich an eine neue Schule versetzt worden war, dass er immer noch an der alten Schule war und dass wir beide gerade eine Pause von unseren Elterngesprächen machten.

„Eltern-Lehrer-Gespräche?", sagte Julie mit Abneigung in der Stimme. „Ich muss nächste Woche hin und ich freue mich nicht gerade darauf."

Das erschien mir als eine seltsame Aussage. Nachdem wir unser Essen bestellt hatten, sagte ich: „Klingt, als ob du bei deinem letzten Gespräch eine schlechte Erfahrung gemacht hast."

Julie verdrehte die Augen und seufzte.

Ich war neugierig, wollte aber nicht aufdringlich erscheinen. Jan hatte keine solchen Bedenken. „Wieso? Was ging schief?"

„Ich weiß nicht, ob du es verstehen würdest", sagte Julie nervös. „Du bist keine Mutter."

„Das gebe ich zu", sagte Jan. „Aber lass es doch drauf ankommen."

Julie hielt einen Moment inne. Dann sagte sie: „Ich weiß nicht, ob ich das erklären kann, aber ... schaut, ich finde, meine Tochter Becky ist ein tolles Kind, aber auf dem letzten Elternabend sagte mir der Lehrer mit so einem falschen kleinen Lachen: ‚Nun, um es kurz zu machen, Becky ist ein *bisschen* schlecht organisiert und sie sagt nicht immer *genau* die Wahrheit.' Ich fühlte mich krank. Und als ich später nach Hause ging, fing ich an, Becky in einem anderen Licht zu sehen. Ich fragte mich, ob sie mich zum Narren gehalten hatte und in Wirklichkeit hinterhältig und unorganisiert sei."

Ich war bestürzt von Julies Schilderung. „Das ist furchtbar", sagte ich. „Du bist aus dem Gespräch gekommen und hast an deinem eigenen Kind gezweifelt."

„Und das sollte ich wahrscheinlich gar nicht sagen", fuhr Julie fort, „aber Lehrer haben so eine Art, mir das Gefühl zu geben, alles, was mit meinem Kind nicht stimmt, sei meine Schuld. Wenn ich nur dies oder jenes getan oder mehr Zeit mit ihr verbracht hätte oder eine bessere Mutter wäre, wäre Becky ein besseres Kind ... Und das klingt vielleicht total albern, aber manchmal habe ich dieses Gefühl, dass manche Lehrer sich für besser als mich halten, weil sie studiert haben und ich nicht."

Jan hob eine Augenbraue. „Ach, komm schon", sagte er spöttisch.

„Tu das nicht so ab, was Julie dir sagen möchte", sagte Martha und stach mit dem Finger in die Luft. „Ich habe einen Universitätsabschluss und ich bin zufälligerweise auch stellvertretende Geschäftsführerin in meiner Firma. Aber ich erinnere mich sehr gut daran, wie es sich anfühlt, auf einen dieser kleinen Kinderstühle gegenüber dem Lehrerpult gesetzt zu werden und dort sitzen zu müssen, während sie mir erzählt, welche Probleme mein Sohn damit hat, zuzuhören. Es dauert keine Minute und ich bin wieder zu einem verängstigten kleinen Mädchen geschrumpft, das von seiner Lehrerin ausgeschimpft wird."

„Warte einen Augenblick", sagte ich. „Das verwirrt mich. So stelle ich mir ein Eltern-Lehrer-Gespräch nicht vor – dass nur der Lehrer die ganze Zeit spricht und den Eltern erklärt, was mit dem Kind nicht stimmt. Nein. Für mich ist ein Gespräch etwas Wechselseitiges. Wir Lehrer wollen Anregungen von euch Eltern. Wir brauchen sie. Das ist der Grund für die Gespräche. Wir freuen uns über eure Ideen."

„Oh, wirklich ...?", sagte Martha verächtlich. „Woran liegt es dann, dass ich mich fühle, als würde ich auf rohen Eiern laufen, bevor ich wage, den kleinsten Vorschlag zu machen? Weil ich verdammt genau weiß, wenn ich – was Gott verhüten möge – die Lehrerin verärgere, indem ich einen kleinen Hinweis darauf gebe, dass sie irgendetwas ein klein wenig anders machen könnte, wird sie es an meinem Kind auslassen."

„Martha, das ist nicht fair", protestierte ich. „Und es stimmt nicht einmal!"

Martha ignorierte mich. „Aber was mich wirklich trifft", fuhr sie fort, „ist der herablassende Ton, in dem manche Lehrer sprechen. ‚Das Problem mit Michael ist bla bla bla. Ich weiß, dass sie arbeiten müssen, aber wenn sie etwas mehr Zeit mit Michael verbringen würden ...' Oder: ‚Wenn Michael jetzt nicht

anfängt aufzupassen, hat er keine Chance den Klassenübertritt zu schaffen.' Und nach dem folgenden Satz fühle ich mich immer besonders schuldig und schlecht: ‚Es tut mir leid, Ihnen mitteilen zu müssen, dass Ihr Sohn hinter seinen Fähigkeiten zurückbleibt.'"
Ich war getroffen von Marthas Ausführungen und verlegen. Ich hatte genau diesen letzten Satz heute Nachmittag zu einer Mutter gesagt. Mein erster Impuls war, mich und all meine Kollegen wortreich zu verteidigen, aber ich entschied, einen anderen Kurs einzuschlagen. „Gibt es noch etwas, das dich stört?", fragte ich ruhig.

Martha legte sofort los: „Ja! Ich hasse es, wenn sie Lehrer-Gebrabbel benutzen, das dich wie einen Idioten dastehen lässt. ‚Wenn Sie wollen, dass Michael Phoneme und Konsonantenverbindungen entschlüsseln kann (Übersetzung: lesen), dann müssen Sie jeden Abend eine Stunde damit verbringen ihm bei seinen Leseübungen zu helfen.'"

„Und", fügte Julie hinzu, „welche Eltern haben am Abend eine ganze Stunde Zeit, nach der Arbeit, dem Einkauf und dem Putzen? Wenn ich das Abendessen gekocht, Geschirr abgespült, Wäsche gewaschen und Becky in den Schlafanzug gesteckt habe, bin ich jedenfalls zu müde, um noch irgendetwas zu tun, außer ihr eine kurze Gutenachtgeschichte vorzulesen."

Martha nickte zustimmend. „Aber was mir wirklich die Galle hochtreibt", sagte sie, „ist, dass Lehrer keinerlei Verantwortung sehen, mit den Eltern zu kommunizieren. Ich höre nie etwas von ihnen, bis das Problem so groß ist, dass es nur noch durch ein Wunder gelöst werden könnte. Zum Beispiel als Michael seine Sozialkunde-Hausaufgaben nicht machte. Dem Lehrer kam erst in den Sinn, mich darüber zu informieren, als das Zwischenzeugnis nur noch eine Woche entfernt war. Wie soll ein Kind 15 Fehlleistungen in einer Woche ausgleichen?"

Das war mehr, als ich ertragen konnte. „Warte mal", sagte ich. „Alles was du sagst, kann stimmen, aber versteht bitte, dass Lehrer mehr als 30 Kinder in ihrer Klasse haben können, und

jedes von ihnen braucht Aufmerksamkeit. Es ist unrealistisch, einen persönlichen Anruf zu erwarten jedes Mal, wenn ein Schüler in seinen Leistungen zurückfällt.“

Sehr gelassen fragte Jan: „Was genau wollt ihr Eltern von den Lehrern?“

Martha sah direkt in Jans Augen. „Respekt“, sagte sie. „Ich wünsche mir, dass Lehrer mich und mein Kind mit demselben Respekt behandeln, den sie selbst einfordern.“

Ich konnte sehen, wie die Farbe in Jans Gesicht stieg. „Respekt?“, schnauzte er. „Welchen Respekt bekommen denn Lehrer? Jeder kritisiert uns. Wir bekommen die Verantwortung für alles zugeschoben, was schiefläuft, und zwar von allen Seiten. Eltern beschweren sich über uns; die Kinder sind unhöflich; der Direktor verlangt, dass wir uns immer strenger an den Lehrplan halten; die Verwaltung verlangt von uns, dass wir immer kreativer werden, weil sie uns selbst für die einfachsten Materialien die Mittel kürzen; die Universitäten sind unzufrieden mit uns, weil die Kinder nicht ausreichend auf das Studium vorbereitet sind, und die Wirtschaft beklagt sich bei uns, weil wir ihnen Schulabsolventen schicken, die nicht ausreichend auf die Arbeitswelt vorbereitet sind. Aber unterstützt irgendjemand die Bildung wirklich? Wie viele junge Lehrer bekommen heute noch eine ordentliche Festanstellung? Die Leute in dieser Gemeinde haben sogar gegen die Mittel für die Schulsanierung gestimmt.“

Julie stand der Mund offen. Die Leute am Nachbartisch hatten sich umgedreht und starrten uns an. Ich fühlte mich sehr unwohl. Diesmal war Jan zu weit gegangen. Aber Martha schien ganz unberührt von Jans Ausbruch. „Nun, ich habe für die Sanierung gestimmt“, sagte sie gequält. „Und wenn es nach mir ginge, würdet ihr Lehrer bessere Arbeitsbedingungen und ausreichend Geld für alles, was ihr braucht, bekommen. Aber was Julie und ich zu sagen versuchen, ist, dass wir Eltern uns nicht respektiert fühlen. Wir fühlen uns, als ob wir von der Ausbildung unserer eigenen Kinder ausgeschlossen sind. Natürlich haben wir nicht eure Fachkenntnisse, aber wir könnten trotzdem viel beitragen – wenn ihr uns lassen würdet. Wir *wollen* helfen!"

„Hilfe von Eltern?" Jan explodierte. „Von denen, die nicht einmal zum Elternabend kommen, weil sie sonst ihre Lieblingssendung im Fernsehen verpassen würden? Oder von denen, die zu betrunken oder zu bekifft sind, um überhaupt noch etwas mitzukriegen? Oder von den Eltern, die sich nichts dabei denken, einem älteren Kind ein Attest für die Schule zu schreiben, damit es zu Hause auf ein jüngeres aufpassen kann. Oder von den Eltern, die uns unter Druck setzen, ihren Kindern bloß Einsen zu geben, weil Mami und Papi entschlossen sind, Ärzte und Rechtsanwälte aus ihren Kindern zu machen?"

Martha gab nicht nach. „Jan", sagte sie, „du zeichnest ein unfaires Bild von den Eltern." Sie wandte sich an mich, in der Hoffnung auf Unterstützung. „Lisa, sind das auch deine Erfahrungen?"

Ich wollte dringend etwas gegen die Hitzigkeit dieses Gesprächs tun, aber Martha fragte nach der Wahrheit, und plötzlich musste ich es ihr einfach sagen. „Nicht genau so", sagte ich. „Ich hatte schon Eltern, mit denen ich mit Freude zusammengearbeitet habe, aber es gibt auch solche, denen gegenüber ich zögerte, Probleme anzusprechen. Ich habe einmal einem Vater erzählt, dass sein Sohn den Unterricht stört, und an diesem Abend hat er ihn verprügelt. Und im Moment habe ich ein Paar, das mitten in einem Sorgerechtsstreit steckt. Für mich ist es offensichtlich, dass ihr Kind ernsthafte Probleme hat, aber während des Gesprächs taten sich nichts, außer sich gegenseitig zu beschuldigen und zu versuchen, mich auf ihre Seite zu ziehen ... Vermutlich erleben Eltern heute so viel Stress, und ihr Leben ist oft so schmerzvoll, dass es ihnen schwerfällt, sich auf ihre Kinder zu konzentrieren. Ich stelle oft fest, dass ich mir erst ihre Probleme anhören muss, bevor sie überhaupt in der Lage sind, über die Probleme zu sprechen, die ihre Kinder vielleicht haben."

Martha warf ihre Hände hoch. „Ich gebe auf“, sagte sie. „Laut euch beiden, sind wir Eltern ein egozentrisches, verantwortungsloses, jämmerliches Pack.“

„Nimm es nicht persönlich“, sagte Jan. „Wir lassen nur Dampf ab. Natürlich gibt es auch wundervolle Eltern, die ihr Bestes geben und mehr als das. Was ihr zu hören bekommt, ist das Toben zweier frustrierter Lehrer, die sich sehr um eure Kinder sorgen und die verärgert sind, weil sie nicht immer die Unterstützung von den Eltern bekommen, die sie brauchen.“

Alle wurden still. Sehr zögerlich sagte Julie: „Ich schätze, immer wenn ich zu einem Elternabend gehe, mache ich mir Sorgen darüber, was der Lehrer wohl über mein Kind sagen wird. Es kommt mir nie in den Sinn, wie der Lehrer sich wohl fühlt oder was er braucht.“

„Nun, fairerweise sollten wir vielleicht darüber nachdenken“, räumte Martha ein. „Lisa, was genau würdest du dir von uns Eltern wünschen?“

Ihre Frage erwischte mich kalt. Ich dachte einen Moment nach und sagte: „Ehrliche Informationen – darüber, wie es dem Kind zu Hause geht, seine Interessen, seine Sorgen ... alles, was mir helfen könnte, das Kind besser zu verstehen. Und ich schätze, wenn es irgendwelche Probleme gibt, würde ich mir wünschen, dass die Eltern bereit sind, mitzudenken und mit mir zu arbeiten, sodass wir am Ende das Beste für das Kind tun können.“

Martha nickte zustimmend. „Und wie ist es mit dir Jan? Was möchtest du?“

„Rückmeldungen“, sagte Jan. „Ich möchte wissen, welche – falls überhaupt – meiner täglichen Anstrengungen eine Wirkung bei den Kindern erzielt. Was erzählt das Kind von der Schule? Oder über mich? Ohne Rückmeldungen ist es schwierig, sinnvoll zu entscheiden, wovon es mehr oder weniger braucht.“
„Dem widerspreche ich nicht“, sagte Martha.

Jan lehnte sich in seinem Stuhl zurück und breitete seine Arme in höfischer Geste aus. „In Ordnung Martha, die Bühne gehört dir. Du hattest ein paar erlesene Dinge über Lehrer zu sagen. Angenommen, ich stelle dir dieselbe Frage. Was genau wollt ihr Eltern von uns?"

Martha runzelte die Stirn. Dann sagte sie langsam: „Für mich ist das Wichtigste, den Elternabend mit etwas zu verlassen, an das ich mich halten kann. Ein gutes Bild von meinem Kind. Ich denke nicht, dass Lehrer sich bewusst sind, welche Macht sie haben oder welchen Effekt ihre Worte haben. Die meisten Eltern haben nur Erfahrungen mit einer Handvoll Kinder. Lehrer haben im Laufe ihrer Karriere hunderte von Kindern. Welche Meinung ein Lehrer von einem Kind hat, hat enorme Bedeutung für die Eltern. Wenn ein Lehrer sagt, dein Kind sei auf irgendeine Weise außergewöhnlich – egal ob gut oder schlecht –, nimmst du es ernst. Und du nimmst die Worte mit nach Hause.

„Ich erinnere mich, wie extrem genervt ich von Michael war, als er in die Vorschule ging, weil er so klammerte und so weinerlich war, und nicht so unabhängig und kontaktfreudig wie die anderen Vierjährigen. Aber alles änderte sich an dem Tag, als ich ein Gespräch mit seiner Lehrerin führte. Sie strahlte mich fröhlich an und sagte: ‚Ich freue mich ja so, Michaels Mutter kennenzulernen. Er ist so ein ungewöhnlich warmherziger kleiner Junge.' Ihre Worte waren wie Balsam für mich. Ich hatte nie auf diese Weise von ihm gedacht. Dieses Bild meines Sohnes, das sie mir zeigte, klang ganz authentisch, und es half mir über mehr schlechte Zeiten hinweg, als sie sich je vorstellen könnte."

Marthas Story berührte mich. Ich wandte mich an Julie und legte meine Hand auf ihren Arm. „Was ist mit dir?", fragte ich. „Was würdest du dir von einem Elternabend wünschen?"

„Ich würde gerne etwas mitnehmen, das ich meiner Tochter erzählen kann, um ihr Selbstvertrauen zu steigern ... Etwas, das ich Becky sagen kann, wenn sie mit ihren großen Augen zu mir aufschaut und fragt: ‚Was hat die Lehrerin über mich gesagt?'"

Die restliche Zeit bei Tisch verging wie im Fluge, während wir uns ehrlich darüber austauschten, was für uns in unserer Rolle als Lehrer oder Eltern jeweils am wichtigsten war und wie wir uns das ideale Eltern-Lehrer-Gespräch vorstellten – erst aus der Perspektive der Eltern, dann aus der Perspektive der Lehrer.

Auf den folgenden Seiten finden Sie die Grundaussagen unseres Gesprächs in Comicform.

Das ideale Eltern-Lehrer-Gespräch: die Elternperspektive

Statt mit den Fehlern zu beginnen,

beginnen Sie, indem Sie etwas Positives über das Kind erzählen.

Statt die Schwächen des Kindes aufzuzählen,

zeigen Sie auf, was getan werden muss.

Statt den Eltern zu sagen, was sie tun sollen,

beschreiben Sie, was in der Schule funktioniert hat.

Das ideale Eltern-Lehrer-Gespräch: die Elternperspektive

Statt das Kind aufzugeben,

entwickeln Sie einen Plan mit den Eltern.

Statt den Plan zu vergessen,

halten Sie sich nach dem Gespräch daran.

Statt das Vertrauen der Eltern zu missbrauchen,

behandeln Sie Persönliches vertraulich.

Das ideale Eltern-Lehrer-Gespräch: die Lehrerperspektive

Statt mit den Fehlern zu beginnen,

beginnen Sie, indem Sie etwas Positives beschreiben.

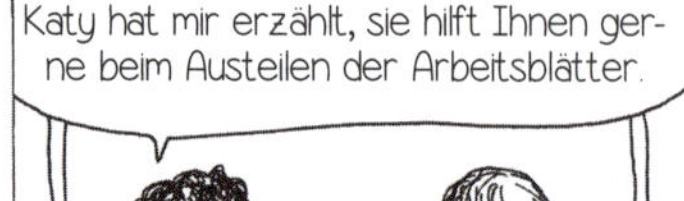

Statt den Lehrer anzugreifen,

beschreiben Sie, was Ihr Kind braucht.

Statt Informationen zurückzuhalten,

informieren Sie über relevante Themen.

Das ideale Eltern-Lehrer-Gespräch: die Lehrerperspektive

Statt dem Lehrer zu sagen, was er tun soll,

berichten Sie, was zu Hause funktioniert hat.

Statt die Zusammenarbeit zu verweigern,

helfen Sie, einen Plan zu entwickeln.

Statt den Plan zu vergessen,

halten Sie sich nach dem Gespräch daran.

Als wir unsere verschiedenen Vorstellungen vom perfekten Eltern-Lehrer-Gespräch ausgetauscht hatten, erkannten wir, wie erstaunlich ähnlich unsere Bedürfnisse doch waren.

- Sowohl Eltern als auch Lehrer brauchen Anerkennung, Informationen und Verständnis vom jeweils anderen.
- Beide wollen, dass ihre Anstrengungen gewürdigt werden.
- Beide wollen respektiert werden.
- Beide müssen zusammenarbeiten, sich gegenseitig unterstützen und im Anderen das Beste sehen, sodass wir dieses Beste unseren Kindern vermitteln können.

Als es Zeit war zu gehen, tauschten wir widerstrebend Abschiedsworte aus. Ich denke, wir alle fühlten, was für eine gewaltige emotionale Reise wir in dieser kurzen Stunde gemeinsam unternommen hatten. Wir hatten an gegenüberliegenden Polen begonnen. Es ging um Eltern gegen Lehrer. Wir gegen sie. Aber als es Zeit wurde, getrennte Wege zu gehen, waren wir alle am selben Ort, im selben Team, verbunden durch unsere gemeinsame Hingabe an den Fortschritt unserer Kinder und unsere Entschlossenheit, niemals ein Kind aufzugeben.

Zur Erinnerung

Das perfekte Eltern-Lehrer-Gespräch

Statt mit den Fehlern zu beginnen, können Sie ...

1. beginnen, indem Sie etwas Positives beschreiben.

   Lehrer: Mir gefallen Leos Fragen. Er ist sehr nachdenklich.

   Eltern: Leo hat die Stunde gefallen, in der es um Raketen ging.

Statt darauf hinzuweisen, was das Kind nicht getan hat , können Sie ...

2. beschreiben, was das Kind tun sollte.

   Lehrer: Leo muss alles nachholen, was er während seiner Krankheit versäumt hat.

   Eltern: Ich denke, er fühlt sich überfordert. Er könnte vielleicht etwas Extrahilfe gebrauchen, um wieder den Anschluss zu finden.

Statt Informationen zurückzuhalten, können Sie ...

3. über relevante Themen informieren.

   Eltern: Früher hat er draußen gespielt, wenn er nach Hause kam. Jetzt sitzt er nur noch vor dem Fernseher.

   Lehrer: In letzter Zeit gähnt er häufig im Unterricht.

Statt einander Ratschläge zu geben, können Sie ...

4. beschreiben, was zu Hause oder in der Schule funktioniert hat.

   Eltern: Seit er krank war, scheint er besser lernen zu können, wenn er alle 15 oder 20 Minuten eine kurze Pause einlegt.

   Lehrer: Ich habe bemerkt, dass er nach der Pause mehr Energie hat.

Statt das Kind aufzugeben, können Sie ...

5. zusammen einen Plan entwickeln.

   Lehrer: Ich werde einen anderen Schüler bitten, Leo mit dem Stoff zu helfen, den er verpasst hat. Und ich werde mich darum kümmern, dass er regelmäßiger Pausen nimmt.

   Eltern: Und ich werde dafür sorgen, dass er weniger fernsieht und etwas frische Luft und Bewegung bekommt.

Statt das Gespräch mit einer negativen Bemerkung zu beschließen, können Sie ...

6. das Gespräch mit einer positiven Aussage beenden, die auch dem Kind erzählt werden kann.

   Lehrer: Sagen Sie Leo, ich bin zuversichtlich, dass er es schaffen wird, alles nachzuholen. Sagen Sie ihm auch, dass ich mich freue, ihn in der Klasse zu haben.

   Eltern: Das werde ich. Ich bin mir sicher, er wird sich freuen, wenn er das hört.

Statt den Plan nach dem Gespräch zu vergessen, können Sie ...

7. sich an den Plan halten.

   Lehrer: Jeffrey hat Leo geholfen und er hat schon fast alles nachgeholt. In letzter Zeit scheint er auch wieder mehr Energie zu haben.

   Eltern: Mein Mann hat angefangen zu joggen und Leo hat sich ihm angeschlossen.

Fragen und Geschichten von Eltern und Lehrern

Fragen von Eltern

1. Kann es eine gute Idee sein, wenn ein Kind bei einem Eltern-Lehrer-Gespräch dabei ist? Manchmal denke ich, mein Sohn könnte davon profitieren.

Am Anfang des Gesprächs brauchen sowohl Sie als auch der Lehrer die Möglichkeit, offen zu sprechen, ohne sich Sorgen um den Effekt zu machen, den Ihre Worte auf Ihren Sohn haben könnten. Inzwischen kann er draußen warten, in der Bibliothek ein Buch lesen oder auf dem Pausenhof spielen.

Es kann aber sein, dass es später sinnvoll ist, ihn hereinzubitten und am Gespräch teilnehmen zu lassen. Seien sie sich seiner Verletzlichkeit in der Situation bewusst. In seinem zarten Alter muss er sich nun mit zwei der mächtigsten, bedeutendsten Erwachsenen in seinem Leben auseinandersetzen – gleichzeitig! Es ist hilfreich, wenn Sie damit beginnen, ihn über die positivsten Aussagen zu informieren, die sie bislang ausgetauscht haben.

Zum Beispiel:

Eltern: Ich habe Frau Fischer erzählt, wie viel die ganze Familie von dir über den Regenwald gelernt hat, seit du an deinem Projekt arbeitest.

Lehrerin: Und ich habe deiner Mutter erzählt, wie sehr den anderen Kindern die Bilder gefallen haben, die du mitgebracht hast – besonders das des Rotaugenlaubfrosches.

Das Gespräch könnte hier enden. Aber angenommen, es gibt ein Problem, das sich verbessern soll? Angenommen, Ihr Sohn verschiebt die Hausaufgaben ständig oder hat Probleme, sich zu organisieren? Sowohl Sie als auch die Lehrerin könnten das Problem ansprechen.

Lehrerin: Es gibt immer noch viel zu tun, ehe du dein Projekt der Klasse vorstellen kannst. Lass uns darüber sprechen, wie man vorgehen könnte.

Von da an können sie zu dritt diskutieren, wie Sie die vielen Einzelschritte, die zum Abschluss des Klassenprojekts nötig sind, organisieren und planen können.

Im Idealfall sagt die Lehrerin vielleicht: „Denkst du, es würde dir helfen, wenn ich einige zusätzliche kleinere Zwischentermine für dich ansetze, zum Beispiel, wann du deine Notizzettel fertig haben solltest, wann deinen Entwurf und die erste Fassung deines Berichts?"

Im Idealfall ergänzen Sie vielleicht: „Würde es dir helfen, wenn ich dich in dieser Woche ein paar Mal an der Bibliothek absetze, damit du mit deinen Recherchen beginnen kannst?"

Im Idealfall meldet sich Ihr Sohn freiwillig: „Vielleicht kann ich alles aufschreiben, was ich zu tun habe, und ein Datum daneben schreiben und dann alles abhaken, was ich schon erledigt habe."

Dass Ihr Sechs-Augen-Gespräch ein Erfolg war, werden Sie merken, wenn Ihr Kind hoffnungsvoll und motiviert den Raum verlässt.

2. Meine Tochter Mia ist ziemlich schüchtern. Letztes Jahr hatte sie eine Lehrerin, welche die Kinder dazu ermutigte, Freundschaften zu schließen. Dieses Jahr hat sie eine neue Lehrerin und größtenteils auch neue Mitschüler. Sie beschwert sich nicht, aber ich weiß, dass sie einsam und unglücklich ist. Wie sollte ich auf die Lehrerin zugehen, um ihre Hilfe zu erbitten?

Seien Sie vorbereitet. Denken Sie im Vorfeld schon einmal darüber nach, was die Lehrerin tun könnte, um es Ihrer Tochter zu erleichtern, Kontakte zu knüpfen. Gibt es eine Klassenaktivität, an der sich Mia beteiligen könnte – eine Theatergruppe oder ein Kunstprojekt? Könnte Sie eine Aufgabe zusammen mit einem anderen Kind übernehmen – Fluraufsicht oder Mitarbeit in der Redaktion der Schulzeitung? Und fragen Sie auf jeden Fall auch, ob es etwas gibt, das *Sie* tun können – für die Theatergruppe, die Zeitung oder das Kunstprojekt. Drängen Sie nicht auf eine sofortige Antwort. Die Lehrerin braucht Zeit, um über ihr Anliegen nachzudenken und vielleicht noch eigene Ideen beizusteuern.

3. Beim letzten Elternabend sagte mir die Lehrerin, mein Sohn Toni sei faul und arbeite nicht mit. Ich war sehr ärgerlich, wusste aber nicht, wie ich reagieren sollte. Gibt es etwas, was ich tun kann, falls es jemals wieder vorkommt?

Es ist wichtig, dass Sie sich mit Papier und Bleistift bewaffnen, wenn Sie in ein Eltern-Lehrer-Gespräch gehen. Wenn der Lehrer etwas Negatives über Ihr Kind sagt, können Sie nachfragen, welche Verhaltensweisen ihres Kindes genau ihn zu diesem Urteil veranlasst haben: „Faul? Könnten Sie mir erklären, was Sie damit meinen?“

Angenommen der Lehrer antwortet: „Er ist der einzige, der nach dem Kunstunterricht seine Pinsel nicht reinigt und die Farbdosen offen stehen lässt.“, schreiben Sie und sprechen Sie dabei laut mit: „Toni muss am Ende des Kunstunterrichts seine Pinsel reinigen und die Farbdosen verschließen.“

Angenommen, der Lehrer ist hartnäckig und sagt: „Und er arbeitet auch nicht mit.“, fragen sie wieder: „Können Sie mir sagen, welche Verhaltensweise meines Sohnes Sie zu dieser Ansicht bringt?“

Wenn der Lehrer antwortet: „Er ist nie still, wenn die Kinder ruhig lesen sollen“, sprechen Sie wieder laut mit, während Sie aufschreiben: „Toni muss sein Redebedürfnis während des gemeinsamen Lesens kontrollieren.“
Indem Sie die negativen Aussagen des Lehrers in Aussagen darüber, was getan werden muss, übersetzen, helfen Sie dem Lehrer, sich selbst, und ihrem Sohn, eine positivere Perspektive einzunehmen.

4. In diesem Jahr ist meine Tochter Lisa, die bisher den Förderunterricht besucht hatte, in eine reguläre Klasse übernommen worden. Ihr Lehrer glaubt daran, dass hohe Anforderungen auch zu hohen Leistungen führen und war mit diesem Ansatz immer sehr erfolgreich. Er ist überzeugt davon, dass es an seinem hohen Anspruch liegt. Lisa arbeitet fleißig, aber sie kommt kaum mit. Ihr Lehrer scheint sich genervt von ihr zu fühlen und sie verliert immer mehr die Motivation. Was kann ich tun?

Unsere Erwartungen sollten hoch, aber realistisch sein. Wir fügen Kindern großen Schaden zu, wenn wir darauf bestehen, dass sie tun können, wozu sie nicht fähig sind, und sie drängen sich „mehr anzustrengen". Ein Kind, das Addition oder Subtraktion noch nicht gemeistert hat, kann auch nicht multiplizieren oder dividieren, egal, wie sehr der Lehrer dies erwartet. Wenn Lisa von den Erwartungen ihres Lehrers überfordert ist, müssen Sie ihm helfen, ihre gegenwärtigen schulischen Leistungen zu verstehen, und ihn ermutigen, seine großen Ziele für sie in kleinere, *machbare*, zu zerlegen, damit sie in *einem Schritt nach dem anderen* Erfolg erleben kann.

5. Als mein Sohn gestern von der Schule nach Hause kam, war er sehr aufgewühlt. Er sagte, seine Lehrerin hasse ihn. Ich wusste nicht, wie ich reagieren sollte. Was würden Sie empfehlen?

Nachdem Sie seine Not anerkannt haben, hören Sie sich an, was er Ihnen zu erzählen hat. Manchmal kann das Problem schnell eingekreist und gemildert werden: „Oh, es war dir also peinlich, als sie dich vor der ganzen Klasse angeschrien hat, weil du den Hefter aus ihrer Schublade genommen hast. Du hättest dir sicher gewünscht, dass sie dich zu sich ruft und es dir alleine sagt ... Und bestimmt wünschst du dir jetzt, du hättest vorher um Erlaubnis gefragt."

Wenn Ihr Sohn Ihnen kein klares Bild davon machen kann, was in der Schule los ist, und sich weiterhin beschwert, dass seine

Lehrerin ihn hasse, müssen Sie mit der Lehrerin sprechen. Möglicherweise kann sie Ihnen sagen, was wirklich vor sich geht, und sie beide können das Problem dann gemeinsam angehen. Trotzdem, wenn Sie während des Gesprächs merken – nicht nur aus ihren Worten, sondern aus ihrer ganzen Haltung –, dass sie Ihren Sohn wirklich nicht mag, dann vertrauen Sie auf Ihr Bauchgefühl. Tun Sie alles, was nötig ist, um Ihren Jungen in eine andere Klasse zu versetzen. Lehrer sind auch Menschen. Und manche Lehrer mögen – sei es aus rationalen oder irrationalen Gründen – bestimmte Kinder einfach nicht. Niemand ist schuld daran. Aber kein Kind sollte seine Zeit in einem Klassenzimmer mit einem Lehrer verbringen müssen, der ihn nicht mag.

Die Geschichte einer Mutter

Diese Geschichte stammt von der Mutter eines begabten Kindes, die eine Möglichkeit fand, sich mit einem starrköpfigen Lehrer zu einigen.

Als Frieda in die fünfte Klasse kam, schien sie jegliches Interesse an der Schule zu verlieren. Aus den Gesprächen mit ihr schloss ich, dass sie sich einfach langweilte. Laut Frieda (die auf dem Niveau einer Neuntklässlerin liest) besteht ihre Lehrerin, Frau Post, darauf, dass sie dasselbe Buch liest wie die anderen Kinder und dass sie *niemals*, unter keinen Umständen, vorblättert und vorausliest. Ich wies sie darauf hin, dass das Schuljahr gerade erst angefangen hat, und drängte sie, geduldig zu bleiben. Aber ich fing wirklich an mir Sorgen zu machen, als sie immer öfter über Kopfschmerzen klagte und Ausreden erfand, um nicht zur Schule gehen zu müssen.

Ich rief ihre Lehrerin an und vereinbarte einen Termin für ein Gespräch. Es verlief nicht gut. Ich sagte Frau Post, dass ich das Gefühl hätte, Frieda brauche eine größere Herausforderung. Frau Post sagte mir, was Frieda brauche, sei größere Selbstkontrolle. Laut Frau Post, war Frieda unruhig und lenkte ständig die anderen Kinder ab, die versuchen ihre Arbeit zu tun. Ich sagte: „Vielleicht ist sie unruhig, weil sie schon fertig ist und Zeit hat. Vielleicht könnte sie in der Zeit Texte für Fortgeschrittene lesen."

Frau Post sah mich genervt an und informierte mich, dass es keinen Grund gebe, warum Frieda etwas anderes tun sollte als die anderen Kinder. Sie lies mich auch wissen, dass sie seit 23 Jahren unterrichte und dass der Stundenplan, nach dem sie unterrichtete, sehr effektiv sei, um den Kindern die Grundlagen beizubringen. Fast hätte ich gesagt: „Das ist genau der Punkt. Frieda kennt die Grundlagen. Was würde es schaden, ihr ein wenig Vertiefung zu ermöglichen? Aber das tat ich nicht. Ich biss mir auf die Zunge, dankte ihr höflich und ging mit einem miesen Gefühl nach Hause.

Als ich meinem Mann von dem Gespräch erzählte, sagte er: „Vielleicht denkt Frau Post, du bist eine von diesen überehrgeizigen Eltern. Vielleicht sollten wir mit dem Direktor darüber sprechen, ob Frieda nicht die Klasse wechseln kann."

Ich dachte ernsthaft über diese Idee nach, aber desto länger ich nachdachte, desto mehr kam ich zu dem Schluss, dass es falsch wäre, Frieda von ihren Freunden zu trennen. Am nächsten Morgen erwachte ich mit der Gewissheit, dass ich einen Weg finden müsste, meiner Tochter zu helfen, ohne ihre Lehrerin zu kränken. Ich rief meine Schwägerin an – sie ist Grundschullehrerin – und erzählte ihr, was los war.

Sie murmelte etwas von Lehrern, die noch im finsteren Mittelalter leben, und berichtete mir dann von dem Programm, das sie bei den fortgeschrittenen Lesern in ihrer Klasse angewandt hatte. Sie schlug einige Bücher für Frieda vor und erwähnte auch ein Buch für Lehrer, das einige einfache Möglichkeiten zur Bewertung der Leseleistung bei Schülern, die individuelle Aufgaben bearbeiteten, aufzeigte. Ich schrieb alles auf, was sie sagte, und ging dann los, um das Buch zu kaufen.

Die darauffolgende Woche rief ich Frau Post an und fragte, ob ich sie noch einmal treffen dürfe. Sie klang kühl und reserviert und sagte, dass wir unser Eltern-Lehrer-Gespräch bereits gehabt hätten. Sie sah keine Notwendigkeit zu einem weiteren. Ich sagte ihr, dass es wichtig für mich sei, noch einmal mit ihr zu sprechen. Schließlich willigte sie ein.

Als es soweit war, war ich sehr nervös. Ich wollte nichts tun, das Frau Post wieder gegen mich aufbringen könnte. Ich begann damit, wie sehr es mich beunruhigte zu erfahren, wie sich Frieda im Unterricht „aufführte" und welche Sorgen ich mir machte, weil sich ihre Einstellung zur Schule in letzter Zeit so gewandelt hatte. Dann sagte ich Frau Post, dass ich versucht hatte, einige Ideen zu sammeln, die in der Situation nützlich sein könnten, und fragte sie, ob sie einige davon sehen wollte, die ich auf ein Blatt Papier geschrieben hatte.

Frau Post nahm das Papier nicht, das ich ihr entgegenhielt. Sie saß weiter mit der Hand über dem Mund da. Also wählte ich ein paar der Punkte auf meiner Liste aus und las sie ihr vor – zum Beispiel Frieda ein anderes Ende für die Geschichte schreiben zu lassen, die alle lasen, oder sie andere Bücher desselben Autors lesen und ihren Klassenkameraden anschließend erzählen zu lassen, was sie daraus gelernt hatte. Ich zeigte ihr auch das Buch, das meine Schwester empfohlen hatte – ohne zu erwähnen, wo ich davon gehört hatte.

Schließlich sagte ich: „Frau Post, ich bin mit meiner Weisheit am Ende. Ich weiß einfach nicht, was ich tun soll, um Frieda zu helfen. Deshalb habe ich um ein weiteres Gespräch gebeten. Ich wollte hören, was Sie von all diesen Ideen halten, und ich dachte auch, dass Sie, mit ihrer jahrelangen Erfahrung, vielleicht noch andere Ideen hätten." Bevor Frau Post etwas sagen konnte, setzte ich noch hinzu: „Und ich werde mit Frieda darüber sprechen, wie sie das Herumalbern in der Klasse unterlassen kann. Egal wie unruhig sie ist, darum sollten Sie sich nicht kümmern müssen."

Frau Post blickte mich weiter wie versteinert an. Dann stand sie auf und sagte: „Ich habe gehört, was sie mir sagen wollten, und ich werde über Ihre Ideen nachdenken." Dann fragte sie, ob sie das Buch ausborgen könne (ich konnte es nicht glauben!) und dankte mir fürs Kommen. Wir schüttelten uns die Hände. Das Gespräch war vorüber. Das war vor einem Monat. Ich habe keine Ahnung, was Frau Post im Unterricht macht. Ich weiß nur, dass Frieda die Schule wieder Spaß zu machen scheint. Und ihre morgendlichen Kopfschmerzen sind verschwunden.

Fragen von Lehrern

1. Manche Eltern scheinen eine Schulphobie zu haben. Sie hassen es, zu Elternabenden zu gehen, weil die schlechten Erinnerungen an ihre eigene Schulzeit in ihnen aufsteigen. Gibt es irgendeine Möglichkeit, diesen Eltern zu helfen, sich wohler zu fühlen?

Eine herzliche, offene Einstellung ist vielleicht das beste Mittel gegen Ihre Befürchtungen. Manche Lehrer haben festgestellt, dass ein Tisch mit einem Tuch, einer Kanne Tee oder Kaffee und einem Erwachsenenstuhl dabei helfen können, eine freundliche Atmosphäre zu schaffen. Eltern berichten, dass sie besonders eine geschlossene Tür zu schätzen wissen. Sie signalisiert Respekt für die private Zeit, die sie mit ihnen verbringen.

2. Wenn Eltern geschieden sind – wen sollte man dann zum Elterngespräch einladen?

Laden Sie beide ein, damit sich keiner ausgeschlossen fühlt. Es ist Sache der Eltern zu entscheiden, ob sie sich gemeinsam oder einzeln mit dem Lehrer treffen wollen. In jedem Fall ist es wichtig, dass die Gesprächszeit ausschließlich dazu genutzt wird, zu besprechen, was sie einzeln oder gemeinsam, für *ihr* Kind tun können, und nicht etwa, um über ihre Beziehung zu sprechen.

3. Was kann ich tun, wenn Eltern in feindseliger oder aggressiver Stimmung zum Gespräch kommen?

Widerstehen Sie dem natürlichen Drang den Zorn der Eltern „wegzudiskutieren“. Statt etwas zu sagen, wie: „Bitte versuchen Sie sich zu beruhigen, Herr Schmidt. Es führt zu nichts, wenn wir uns gegenseitig anschreien“, erkennen Sie seine Gefühle an. Lassen Sie ihn wissen, dass Sie die Intensität seiner Gefühle verstehen: „Ich sehe, wie wütend Sie sind. Bitte kommen Sie herein und setzen Sie sich. Ich möchte hören, was Sie auf dem Herzen haben.“ Dieses Vorgehen ist eher dazu geeignet seine intensiven Gefühle zu zerstreuen und ihn in die Lage zu versetzen, Ihnen zu erzählen, was ihn ärgert.

Vielleicht möchten Sie aufschreiben, was ihn ärgert, und es ihm vorlesen, sodass er weiß, dass Sie ihn verstehen. Wenn sein Zorn, trotz Ihrer Anstrengungen, nicht verfliegt, können Sie das Gespräch vertagen: „Herr Schmidt, ich kann sehen, dass Sie immer noch sehr erregt sind. Ich muss noch länger über das nachdenken, was Sie mir erzählt haben. Vielleicht sollte ich mich sogar mit anderen Kollegen beratschlagen. Wann können wir uns wieder treffen?" Bei Ihrem nächsten Treffen möchten Sie vielleicht einen Dritten dabeihaben – den Direktor, den Vertrauenslehrer oder den Schulpsychologen.

4. Manche Eltern haben sich bei mir beschwert, dass sie nur von den Lehrern hören, wenn es Probleme gibt. Ich muss zugeben, da ist etwas dran. Gibt es Alternativen?

Eltern freuen sich, wenn sie kleine „gute Neuigkeiten" hören. Ein Lehrer hat uns erzählt, dass er es sich zur Gewohnheit gemacht hat, am Anfang des Jahres, wenn die Kinder sich noch anständig benehmen und erst langsam ihre schulische Arbeit aufnehmen, jeden Abend zwei Eltern anzurufen. Er hebt die Stärken und Anstrengungen der Schüler hervor. Später im Jahr, wenn Probleme auftreten, sind die Kommunikationskanäle dann bereits geöffnet, und die Eltern hören viel bereitwilliger zu.

5. Wie kann ich ein Gespräch elegant beenden, wenn ein Vater oder eine Mutter immer weiterspricht, während andere Eltern draußen warten?

Es ist wichtig, dass die Eltern nicht das Gefühl haben, dass ihre Zeit abgelaufen ist und sie hinausgeworfen werden. Sie müssen die Uhr im Blick behalten und eine Vorwarnung geben: „Ich sehe, wir haben noch fünf Minuten. Gibt es noch etwas, über das Sie sprechen möchten?" Wenn es nach den fünf Minuten immer noch Themen gibt, die abgehandelt werden sollen, könnten Sie sagen: „Ich wünschte, wir hätten mehr Zeit. Sollen wir telefonieren oder einen Termin für ein weiteres Gespräch machen?" Halten Sie den Kalender bereit, um eventuell einen neuen Termin einzutragen.

Die Geschichte eines Lehrers

Vom folgenden Ansatz wurde uns von einem Förderlehrer an einer Grundschule berichtet:

Als Christopher Beier in meine zweite Klasse kam, konnte ich auf den ersten Blick sehen, dass er ein intelligenter Junge war, der sich ausdrücken konnte. Aber als ich ihn testete, wurde auch klar, dass er die typischen Anzeichen einer Lese-Rechtschreibschwäche zeigte. Er konnte nicht einmal seinen eigenen Namen schreiben, ohne Buchstaben auszulassen oder zu spiegeln. Was ich nicht verstand, war, wieso es so ein Problem mit seinem Verhalten gab – er war streitlustig, launisch und wurde schnell zornig.

Nach ein paar Wochen entschied ich, seine Mutter anzurufen, um zu sehen, ob sie mir helfen könnte. Sie war sofort bereit, sich mit mir zu treffen, und bot an, gleich diesen Nachmittag vorbeizukommen. Als wir uns gesetzt hatten, beschrieb Frau Beier sofort, wie Christopher jeden Abend an seinem Schreibtisch sitzt und versucht seine Hausaufgaben zu machen und weint und sagt, er sei einfach zu dumm.

Plötzlich verstand ich, was los war. Er war wütend, weil er überzeugt davon war, dumm zu sein, und er ließ es an sich selbst und allen anderen aus. Ich erklärte Frau Beier, dass Christopher alles andere als dumm und dass er tatsächlich ein ziemlich intelligenter Junge sei, der Neugier für viele Themen zeigte, aber dass er aufgrund seiner Lese- und Rechtschreibschwäche Probleme bewältigen müsse, die die meisten Kinder nicht hatten. Ich erzählte ihr auch, dass Christopher sich in meinem Unterricht einbringt und dass ich glaubte, dass er mit der Zeit lernen würde zu lesen.

Frau Beier schien sich über meine Beurteilung zu freuen und fragte, was sie tun könnte, um zu helfen. Ich sagte ihr, was Christopher von ihr brauche, sei Verständnis für seinen Frust und ihre Zuversicht, dass er langsam aber sicher Fortschritte machen würde. Ich sagte ihr auch, dass Christopher einen forschenden Geist habe und vielleicht von einem Besuch in der Bibliothek profitieren würde, wo er sich Bilderbücher über Themen aussuchen könnte, die ihn interessierten.

Im Laufe des Schuljahres stellte sich heraus, dass Christopher sehr fleißig war. Ich brachte ihm einen Laut nach dem anderen bei und zeigte ihm, wie er Worte erkennen konnte, und all die Tricks, mit denen er die Buchstaben voneinander unterscheiden konnte. In kleinen Schritten lernte er zu lesen und zu buchstabieren.

Während dieser ganzen Zeit rief ich immer wieder seine Mutter an, berichtete ihr von seinem Fortschritt und ließ sie wissen, dass ihre Arbeit mit Christopher zu Hause sich an Fortschritten im Unterricht zeigte. Sie förderte sein Interesse an Fischen, Insekten und Steinen. (Er sammelte immer Steine und fragte, was es für welche seien.) Sie nahm ihn mit ins Museum und las ihm Bücher vor und unterhielt sich mit ihm über die Themen, die ihn faszinierten.

Von meiner Seite besonders hilfreich, war es, ans Licht zu bringen, dass er eine Lernschwäche hatte. Das Schwerste war für ihn, zu sehen, wie Kinder, die ihm intellektuell eindeutig nicht ebenbürtig waren, ohne Mühe lasen, schrieben und buchstabierten und die volle Punktzahl auf Tests bekamen, in denen er versagte. Ich wollte, dass er wusste, dass er ein äußerst intelligenter Junge war, der mit einer Lernschwäche zu kämpfen hatte, die Lese- und Rechtschreibschwäche hieß. Also sagte ich zu ihm: „Christopher, es ist eine schwere Herausforderung für dich, diese Wörter zu buchstabieren, denn wenn andere Kinder ein *b* anschauen, sehen sie ein *b*, aber wenn du ein *b* anschaust, legen dich deine Augen manchmal herein, und es sieht aus wie ein *d*. Das macht alles schwieriger. Das nennt man Lese- und Rechtschreibschwäche. Aber du hast so hart gearbeitet, dass du es trotzdem gelernt hast."

Christopher sprach wirklich gern über sein „Lernproblem". Er sagte anderen Kindern: „Weißt du, ich habe eine Lese- und Rechtschreibschwäche. Wenn ich mir das Wort *SIE* anschaue, sehe ich das Wort *EIS*." Und er schrieb das Wort absichtlich falsch und lachte, hielt es vor einen Spiegel und gab damit an, dass er in „Spiegelschrift" schreiben könne. Er übernahm die Kontrolle über seine Schwäche und begann sie als etwas Besonderes und Lustiges zu sehen, dass zu ihm gehörte.

Bei unserem Jahresabschlussgespräch sagte mir seine Mutter, dass er zu Hause wie ein anderes Kind sei. Viel glücklicher, viel entspannter. Sie beschrieb, wie er bei einem Familientreffen mit seinem jüngeren Cousin, der ebenfalls eine Lese- und Rechtschreibschwäche hat, Schule spielte. Der Cousin regte sich auf, weil er Schwierigkeiten beim Versuch, ein Wort zu schreiben, hatte. Christopher sagte: „Keine Sorge. Ich hatte das Problem früher auch. Ich kann dir helfen. Lass mich dir einen Trick zeigen."

Christopher geht jetzt in die dritte Klasse. Seine Lehrer haben mir erzählt, dass er immer noch langsam liest, aber dass er sich immer beteiligt, immer etwas Interessantes zu sagen hat, und wenn sie ihm etwas Extrazeit geben, löst er auch die Aufgaben in den Tests.

Immer wenn ich an Christopher denke, fühle ich mich gut. Seine Mutter und ich haben ihm geholfen, seine Lese- und Rechtschreibstörung als Herausforderung zu sehen, die er meistern konnte, statt als eine Schwäche, die ihn definieren und besiegen könnte.

Eine Eltern- und Lehrergeschichte

Die letzte Geschichte hat gezeigt, wie die Zusammenarbeit einer Mutter und einer Lehrerin ein Kind beeinflussen kann. Die nun folgende, letzte Geschichte beschreibt, was geschehen kann, wenn eine ganze Schule einen gemeinsamen Versuch unternimmt, alle Eltern ihrer Schüler zu erreichen und in die Erziehung ihrer Kinder einzubeziehen.

Meine erste Anstellung als Lehrer hatte ich in einer Gemeinde auf dem Land mit 710 Einwohnern. Abgesehen vom Dorfladen und der Tankstelle fand das Gemeindeleben ausschließlich in der Schule statt. Unter diesen Bedingungen rechnete ich damit, dass die Leute für Eltern-Lehrer-Gespräche und Elternkonferenzen Schlange stehen würden. Aber so war es nicht. An unserem ersten Orientierungsabend war die Aula praktisch leer. Gerade einmal 15 Eltern tauchten auf. Angesichts der 139 Schüler an der Schule hielt ich das für ein schreckliches Ergebnis.

Am nächsten Morgen klagte ich meine Enttäuschung einer Kollegin und sie sagte mir, ich würde mich mit der Zeit daran gewöhnen. Das schien mir eine sehr negative Einstellung zu sein. Am Ende unseres nächsten Lehrertreffens fragte ich, ob irgendjemand Interesse daran hätte, mehr Eltern für Schulaktivitäten zu motivieren. Ein paar Leute kicherten und schüttelten die Köpfe. Jemand sagte, dass ich wohl nur meine Zeit verschwenden würde, und vom Direktor erntete ich ein väterliches Lächeln. Als das Treffen vorbei war, fühlte ich mich sehr dumm. Aber anschließend kamen zwei Lehrerinnen, Martha und Patricia, zu mir und meldeten sich freiwillig, um zu helfen. Ich denke, ich tat ihnen leid.

Am nächsten Tag trafen wir drei uns nach der Schule und versuchten einen Plan zu schmieden. Patricia erzählte mir, was früher schon versucht worden und gescheitert war: Die Flugblätter kamen nie bei den Eltern an. Die „Telefonlawine" (jeder Lehrer ruft zehn Eltern an) hatte keinen Erfolg, weil viele der Eltern nicht ans Telefon gingen. Selbst die Grillparty bei Margaret zu Hause war ein Reinfall. Sie sagte, sie hätte 24 Kinder und deren Eltern eingeladen, aber nur sechs Leute kamen. Ich musste zugeben, das war alles sehr entmutigend. Trotzdem entschieden wir, es zu versuchen, und planten eine monatliche Aktivität, die Eltern irgendwie stärker in die Schulangelegenheiten einbinden würde. Unsere erste Aufgabe war ein „Süßwarenfest" (mit verschiedenen Keksen, welche die Hauswirtschaftsklasse mit Zutaten, die wir zur Verfügung stellten, backen würden). Wir schickten Einladungen an die Eltern, hängten Poster im Laden, in der Tankstelle und im Quartier der freiwilligen Feuerwehr auf und luden die Lehrer dazu ein, teilzunehmen. Das Ergebnis war überschaubar, aber wir schafften es doch, uns die Hilfe von zwei weiteren Lehrern und acht Eltern zu sichern. Selbst der Direktor drückte uns seine Anerkennung für unsere Bemühungen aus.

Im nächsten Monat veranstalteten wir einen „Spaghetti-Nachmittag“ vor dem großen Fußballspiel am Freitagabend. Damit hatten wir großen Erfolg. Fünf Lehrer und acht Eltern kochten im Hauswirtschaftsraum genug Spaghetti für etwa 100 Leute. Natürlich waren die meisten Teilnehmer die Spieler der beiden Mannschaften und deren Eltern und Verwandte, aber alle hatten Spaß. Bevor der Abend vorbei war, nahm ich mir ein Mikrofon und sagte durch, dass wir am Montagabend ein Treffen hätten, um unsere nächste Aktion zu planen, und dass wir so viel Hilfe bräuchten, wie wir kriegen könnten. Fünf Eltern und drei Lehrer kamen neu dazu. Die Wand, die Lehrer und Eltern trennte, bekam langsam Risse.

Bei unserem Treffen am Montag schlug jemand von den Eltern vor, dass wir einen monatlichen Newsletter schreiben sollten, um die Gemeinde über die Schulaktivitäten auf dem Laufenden zu halten. Auch der Direktor war sofort begeistert von der Idee, und die Schulsekretärin meldete sich freiwillig, um ihn zu tippen.

Diese Newsletter wendeten das Blatt. Sie bildeten den Kommunikationskanal zwischen uns und der Gemeinde. Lehrer und Eltern verwendeten sie, um ihre Sorgen und Nöte auszudrücken. Zum Beispiel fanden wir heraus, dass manche der Eltern sich große Sorgen machten, weil ihre gerade erwachsenen Kinder am Wochenende 50 Kilometer in die Stadt fuhren, um sich zu amüsieren, und es bereits wegen Alkohol am Steuer zu Unfällen gekommen war. Ein paar Lehrer meldeten sich freiwillig, um Tanzveranstaltungen oder andere Aktionen zu organisieren, damit die jungen Leute in der Gemeinde blieben.

Als die Eltern schließlich wussten, dass ihre Anregungen und ihre Hilfe erwünscht waren, kamen sie mit Ideen zu uns, die unsere wildesten Träume übertrafen. Sie organisierten und sponserten ein Mittagessenprogramm. (Unsere Schule hatte keine Mittel, um es selbst zu finanzieren.) Sie veranstalteten eine Faschingsfeier und verwandelten die Turnhalle in einen Rummelplatz mit Spielbuden. Sie halfen freiwillig im Klassenzimmer mit und machten sich selbst unersetzlich. Mütter arbeiteten in der Vorschule mit den Kindern. Ein Vater veranstaltete für die Älteren einen Kurs in technischem Zeichnen. Ein anderer Vater, der als Koch arbeitete, führte im Hauswirtschaftsunterricht verschiedene Techniken vor. Eine Gruppe von Eltern, Lehrern und Schülern bildete das „Projekt Abschlussfahrt", welches Spenden sammelte, um die Absolventen mit einem gemieteten Bus auf eine dreitägige Reise nach Disneyland zu schicken. Die jungen Leute hatten eine tolle Zeit und die Eltern waren erleichtert, weil ihre 18-Jährigen ihren Abschluss nicht feierten, indem sie betrunken Auto fuhren.

Die Unterstützung und das Engagement der Eltern motivierte die Lehrer, noch mehr zu tun. Als Margaret herausfand, dass einige der Eltern nicht lesen konnten, organisierte sie eine Leseklasse für sie. Die Klasse war so erfolgreich, dass sich aus dem einen Abend ein ganzes Bildungsprogramm für Erwachsene entwickelte, in dem Eltern auch Schreiben, Kochen, Nähen und die Benutzung des Computers lernen konnten. Einer der Lehrer bot einen Abendkurs für Eltern an, die ihr Abitur nachholen wollten, und auch dieser Kurs füllte sich schnell. Alle, die an den Kursen teilnahmen, erzählten, dass ihre Kinder davon inspiriert wurden, dass ihre Eltern lernten und Hausaufgaben machten, und dass ihre Noten sich dadurch verbesserten.

Der Direktor wurde zu unserem enthusiastischen Unterstützer. Es war seine Idee, für die Eltern, die wir immer noch nicht erreicht hatten, ein Familien-Besuchs-Programm einzuführen. In unserem Newsletter stand, dass Lehrer für einen kurzen Besuch bei den Familien unserer Schüler vorbeischauen würden. Jeder Lehrer bekam eine Liste mit den Namen von acht bis zehn Schülern und wurde darum gebeten, jeden zumindest einmal im Schuljahr zu besuchen. Patricia hatte die geniale Idee, unsere eigenen Schulbusse für den Transport zu verwenden.

Jeden Donnerstag nach der Schule konnten Lehrer, die eine Familie besuchen wollten, also mit den Schülern zusammen den Bus nehmen. An der Endstation wartete der Busfahrer 30 Minuten, um dann auf dem Rückweg die Lehrer wieder mitzunehmen. Das Programm war ein großer Erfolg. Diese Besuche der Lehrer schienen sowohl Eltern als auch Schülern viel zu bedeuten. Am letzten Elternabend des Jahres kam ich früher, weil ich vor dem Eingang noch Handzettel an die Eltern verteilen wollte. Als ich fertig war, bemerkte ich, dass das Treffen gerade begonnen hatte, denn die dröhnende Stimme unseres Direktors erklang. Ich dachte, ich könnte schnell auf einen leeren Sitz schlüpfen, aber als ich die Tür zur Aula öffnete, schnappte ich nach Luft. Es gab keinen freien Platz mehr. Der Raum war voll mit Eltern. Sie waren in ganzer Stärke aufmarschiert, um an den Geschehnissen an *ihrer Schule* teilzuhaben.

8.

Der Traumfänger

Es war der letzte Schultag. Die Lehrer entließen ihre Klassen und die Schüler drängten sich durch die offenen Schultüren und hetzten auf die, am Bordstein wartenden, Schulbusse zu, die bereits voll krakeelender Kinder waren. Autos mit ungeduldig hupenden Eltern reihten sich am Straßenrand aneinander.

Meine Klasse war die letzte, die das Schulhaus verließ. Die Sonne schien grell und der Asphalt brannte. Die Julisonne knallte mir ins Gesicht. Ich hasste es, mich verabschieden zu müssen. Diese Kinder, die meine Tage und meine Gedanken bei Nacht gefüllt hatten, waren mir sehr ans Herz gewachsen. Aber mit jeder Verabschiedungsumarmung traf es mich aufs Neue, dass meine Zeit mit ihnen vorüber war. Wir würden nie wieder auf dieselbe Weise miteinander verbunden sein.

Ich stand da und winkte, bis das letzte Kind von seinen Eltern aufgelesen war. Dann drehte ich mich um und ging in das beinahe leere Gebäude zurück. Als ich wieder in meinem Klassenzimmer war, saß ich an meinem Tisch und blickte in den leeren, stillen Raum. Niemand auf den Stühlen, nichts an der Tafel, nicht einmal ein Papierschnipsel auf dem Boden. Ein ganzes Jahr des Planens, Nachdenkens und Unterrichtens war vorüber. Abgeschlossen. Blieb irgendetwas – außer ein paar Erinnerungen?

Es klopfte leise an die Tür. Es war Theo Schultz.

„Hi, Theo. Hast du etwas vergessen?"

Er schüttelte den Kopf und blieb mit einem seltsamen Ausdruck auf dem Gesicht stehen. Was wollte er? Sich noch einmal privat verabschieden? Seine Mutter hatte mich in dieser Woche angerufen und mir all ihre Sorgen unterbreitet: Sie hatte ihren Job verloren; sie und Theo mussten in eine andere Stadt ziehen und mit ihrer Schwester wohnen; sie wusste nicht, ob sie dort Arbeit finden würde; ihre Schwester lebte in einer schlechten Nachbarschaft mit hoher Kriminalitätsrate; Theo nahm es ihr übel, dass sie umziehen mussten; er wollte nicht an einer anderen Schule noch einmal von vorne anfangen müssen.

„Komm herein, Theo."

„Ich habe den Bus verpasst."

„Oh. Soll ich dich mitnehmen?"

„Ne ... Ich kann laufen ... Kann ich Ihnen etwas sagen?"

„Natürlich. Komm herein. Setz dich."

Als er sich auf einen Stuhl mir gegenüber bugsierte, hielt ich den Atem an. Unter seinem Hemd trug er den „Traumfänger", den ich ihm am Tag zuvor gegeben hatte. Der Ring aus Leder mit den spinnennetzartigen Fäden darin war mein Abschiedsgeschenk an Theo gewesen. Ich hatte ihm erklärt, dass er laut der Legenden der Indianer Nordamerikas schlechte Träume und böse Geister einfing, wenn man ihn über das Bett hängte, und nur die guten durchließ. Ich sagte Theo, dass ich wollte, dass er ihn bekäme, damit er immer wisse, dass wir an ihn denken, wo er auch wäre, und er hatte ihn mit großer Feierlichkeit entgegengenommen.

In diesem Moment wusste ich, dass er verstand, warum ich es ihm gab, obwohl ich es bis zu diesem Moment selbst noch nicht gewusst hatte.

Der Traumfänger war meine Art, ihm ein wenig Schutz mit auf die Reise zu geben. Theo war im vergangenen Jahr so sehr gewachsen – nicht nur körperlich. Er hatte mit den Beleidigungen und den rassistischen Kommentaren aufgehört; er hatte gewaltige Energien aufgewendet, um das Fluchen in den Griff zu bekommen, er hatte aufgehört, zu prahlen und andere Kinder zu bedrohen. Er hatte nicht mehr viel mit dem harten, wütenden Jungen gemeinsam, der zu Beginn des Schuljahres in mein Klassenzimmer stolziert war, mit einer Jacke, auf die er einen Totenkopf aufgenäht hatte, und der ausstrahlte, dass er auf einen Kampf aus war. Jetzt war er der Schüler, der von den Lehrern am häufigsten als Tutor für „schwierige" Schüler ausgewählt wurde, weil Theo „mit ihnen fertig wurde".

Was würde nun aus ihm werden? Was würde aus den hart erkämpften Fortschritten werden? Wie würde er auf eine feindselige Umgebung reagieren? Würde er wieder in alte Verhaltensmuster zurückfallen? Wieso würde er das nicht tun? Wieso würde irgendein Kind das nicht tun?

„Was wolltest du mir sagen Theo?"

„Mein Cousin, er lebt in dem Haus, in das wir ziehen, und er hat gesagt, wenn man da lebt, muss man in einer Gang sein."

„Muss man?"

„Ja, zum Schutz."

„Wovor?"

„Vor Kindern, die einen schlagen wollen."

„Oh. Also steht man unter viel Druck, dass man beitritt."

„Ja, aber vielleicht kann ich andere Freunde finden."

„In dieser Klasse hast du viele Freunde gefunden."

„Mhm."

„Ich schätze, dir steht eine schwierige Entscheidung bevor."

„Ich weiß. Aber ich mache sicher bei keiner Gang mit. Ich will so was nicht mehr. Das wollte ich Ihnen nur sagen." Dann schüttelte er meine Hand und ging.

Ich war überwältigt. Dieser Elfjährige hatte mit einer Entscheidung gerungen, die einen Erwachsenen erzittern hätte lassen, und er hatte sich für den besseren, den schwierigeren Weg entschieden.

Ich wünschte mir innig, dass es mehr gäbe, was ich für ihn tun könnte. Kurz darauf, als ich meine Sachen zusammenpackte, kam mir der Gedanke, dass ich das vielleicht, nur vielleicht, schon getan hatte.

Vielleicht waren die Werte, die ich in diesen vier Wänden zu vermitteln versuchte, in Theo eingedrungen und ein Teil von ihm geworden. Und vielleicht würden ihn diese Werte von schädlichen Wegen fernhalten und ihm helfen, zu überleben und mit dem Leben fertigzuwerden.

Vielleicht war die Einstellung, die ich in meinem Klassenzimmer verbreiten wollte, der wahre „Traumfänger“, der alle Kinder beschützen würde.

Vielleicht blieb von den hunderten Stunden und tausenden Gesprächen, die wir zusammen hatten, etwas, das sie sichern und stützen würde – eine grundlegende Erfahrung, die ihnen Stärke gab, Mitgefühl und die Fähigkeit zu denken, zu lernen und zu lieben.

Jedenfalls gefällt mir der Gedanke.

Mehr von Adele Faber und Elaine Mazlish

Der Klassiker von Adele Faber und Elaine Mazlish!

Mit vielen an der Praxis orientierten Beispielen, Zeichnungen und Übungsaufgaben vermitteln die Autorinnen alles, was für eine erfolgreiche Kommunikation zwischen Kindern und Eltern wichtig ist. Aus diesen aufmerksamen und wertschätzenden Eltern-Kind-Dialogen entsteht ein verständnisvolles Miteinander.

So sag ich's meinem Kind
Wie Kinder Regeln fürs Leben lernen
Adele Faber/Elaine Mazlish
Hardcover, 272 Seiten, 4-fbg. mit Fotos
22,90 € [D], 23,60 € [A]
ISBN 978-3-934333-41-3

Für alle die Geschwister erziehen!

In diesem unverzichtbaren Ratgeber erfahren Sie:

* Wie Sie durch einfache Gesprächs- und Umgangsregeln Rivalitäten zwischen Kindern abbauen können.
* Wie Sie Ihren Kindern helfen, unangenehme Gefühle auszudrücken, ohne handgreiflich oder beleidigend zu sein.
* Wie Sie Selbstbewusstsein und Motivation jedes einzelnen Kindes stärken, ohne Ungerechtigkeit oder Neid aufkommen zu lassen

Hilfe, meine Kinder streiten
Wie Sie Geschwistern helfen,
einander zu respektieren
Adele Faber/Elaine Mazlish
Softcover, 240 Seiten
4-fbg. mit Fotos und Illustrationen
19,95 € [D], 20,50 € [A]
ISBN 978-3-934333-60-4

www.oberstebrink.de